社会科授業サポートBOOKS

思考力 判断力 表現力 を鍛える
新社会科の指導と評価

見方・考え方 を身につける授業ナビゲート

北 俊夫 著

明治図書

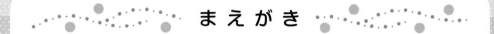

まえがき

　「思考力・判断力・表現力」というフレーズは，いまや学校教育において常套句（決まり文句）の１つになっています。学校での校内研修や研究会の主題などにも使用されてきました。

　私が「思考力・判断力・表現力」のフレーズを初めて耳にしたのは，平成４年のことです。いまから25年も前になります。当時，自ら学ぶ意欲や思考力・判断力・表現力などの能力を重視するとした「新しい学力観に立つ教育」が提唱されました。これを受けて各学校では，子どものよさを生かし，主体性を尊重した授業が盛んに展開されました。

　各学校が「新しい学力観に立つ教育」を推進するなかで学習意欲や思考力・判断力・表現力などの資質や能力を育てることと比べて，相対的に軽視されたのが「知識や技能」でした。こうした状況では社会科の教科としての役割が十分に果たせなくなるという危機意識のもとに取りまとめたのが，拙著『社会科学力をつくる"知識の構造図"』と『"知識の構造図"を生かす問題解決的な授業づくり』の２冊です。ここでは，社会科における「知識」のもつ重要性について警鐘を鳴らしたつもりです。

　一方，「思考力・判断力・表現力」については，これらの能力を育てることの重要性や必要性は十分認識されているのですが，指導方法や手だてが十分に開発されてきませんでした。既に四半世紀もたっているにもかかわらず，「どのように指導すれば，子どもたちに思考力・判断力・表現力が育つのか」「思考力・判断力・表現力の評価はどうするのか」といった実践研究がなかなか進んでいないように思われます。要するに，思考力・判断力・表現力の育て方やその評価の仕方についてはまだまだ未開発の分野だということです。

　私たちは社会生活においてさまざまな問題場面に出会います。そこでは，習得した知識や技能を活用して，よりよく問題解決することが求められます。その際に必要になるのは知識や技能だけでなく，それらを活用するために必要となる思考力・判断力・表現力などの能力です。文部科学省が実施してい

る学力調査によると，基礎的な知識や技能の習得状況（いわゆるＡ問題）と比べて，思考力・判断力・表現力などの能力を発揮して解答する問題（いわゆるＢ問題）の正答率がいまなお低いという結果が報告されています。

　新学習指導要領は，全教科において知識や技能とともに，思考力・判断力・表現力などの資質・能力の育成を重視しています。

　本書『「思考力・判断力・表現力」を鍛える新社会科の指導と評価』はこうした課題意識のもとにまとめたものです。

　第１章では，「思考力・判断力・表現力」をどうとらえたらよいか。これらの能力に共通する特質について学力論の立場から考察し，そのうえで思考力と判断力と表現力についてそれぞれ個別に検討します。

　第２章では，「思考力・判断力・表現力」を鍛える指導方法として，主体的・対話的で深い学びといわれるアクティブ・ラーニングを取り入れること，問題解決的な学習を充実させること，ものの「見方・考え方」を身につけること，「何を」を押さえて指導することの４つを提言します。それぞれ思考力・判断力・表現力を育てる観点から考察していきます。

　第３章では，「思考力・判断力・表現力」を鍛えるための教師の具体的な方策として，教師の発問・指示，子どもの言語活動や学び合いに焦点を当て，それぞれ指導のポイントを述べています。

　第４章では，「思考力・判断力・表現力」の評価方法について，これまでの評価の反省に立ち，新しい考え方を提案します。合わせて，新しい発想によるペーパーテストの評価問題例を紹介しています。

　本書が，思考力・判断力・表現力をはぐくむ指導と評価の充実に寄与するとともに，社会科授業の改善のお役に立てることを願っています。

　終わりに，本書の出版の機会を与えていただき，編集の労をとっていただいた明治図書出版の及川誠氏にこの場を借りてお礼と感謝を申し上げます。

　平成29年７月

　　　　　　　　　　　　　　　　　　　　　　　　　　北　俊　夫

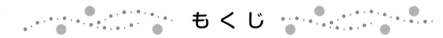

もくじ

まえがき　2

第1章 「思考力・判断力・表現力」をどうとらえるか
―いかなる特質をもっているか―

1 「思考力・判断力・表現力」とは何か　8
(1) 学力としての「思考力・判断力・表現力」………………8
(2) 育てる学力・見えない学力……………………………12
(3) 教科を超えた学力と社会科としての学力……………17
(4) なすことによって育つ学力……………………………23

2 「思考力」「判断力」「表現力」のとらえ方　28
(1) 「思考力」とはどのような能力か………………………28
(2) 「判断力」とはどのような能力か………………………35
(3) 「表現力」とはどのような能力か………………………43
(4) 思考力と判断力と表現力の関係性……………………48

第2章 「思考力・判断力・表現力」を育てる授業づくり
―授業改善の4つの視点―

1 主体的・対話的で深い学びによる授業の充実　52
(1) なぜ，主体的・対話的で深い学びなのか………………52
(2) 社会科で重視したいアクティブ・ラーニング…………55
(3) アクティブ・ラーニングの実施上の課題………………57

2 問題解決的な学習の過程に位置づける　　61
(1) アクティブな学びとしての問題解決的な学習……………………61
(2) 問題解決的な学習の基本的なプロセス……………………………62
(3) 問題解決的な学習で育てる資質・能力……………………………64

3 ものの「見方・考え方」を身につける　　67
(1) なぜ，「見方・考え方」なのか……………………………………67
(2) 社会科固有の「見方・考え方」……………………………………70
(3) 汎用的な「見方・考え方」…………………………………………76
(4) 関連資料………………………………………………………………93

4 「何を」をしっかり押さえて指導する　　96
(1) 社会科において「何を」とは何か…………………………………96
(2) 「何を」をどう押さえるか…………………………………………99
(3) 思考力・判断力・表現力との関連…………………………………103

第 3 章
「思考力・判断力・表現力」を鍛える教師の役割
―重視したい3つの方策―

1 思考や判断，表現を促す教師の発問・指示　　108
(1) 発問と指示の役割……………………………………………………108
(2) 疑問詞で思考や判断，表現を方向づける…………………………111
(3) 発問と指示の構成……………………………………………………113

2 言語などによる表現活動をとおして鍛える　　117
(1) なぜ，言語活動の充実なのか………………………………………117
(2) 「話す活動」で思考力・判断力・表現力を鍛える………………121
(3) 「書く活動」で思考力・判断力・表現力を鍛える………………126

③ 友だちとの学び合いをとおして鍛える　　131
　(1)　「学び合い」で思考力・判断力・表現力を鍛える ……………… 131
　(2)　「学び合い」の場をどうつくるか ………………………………… 134
　(3)　「学び合い」は相互評価，自己評価すること ………………… 136

第4章 「思考力・判断力・表現力」をどう評価するか
―問われる教師の観察力，洞察力―

① これまでどう評価されてきたか
　　―どこに問題があるのか―　　140
　(1)　ある教師の悩みから ……………………………………………… 140
　(2)　ペーパーテストに見る評価問題の実態 ………………………… 142
　(3)　能力の特質を踏まえて評価されているか ……………………… 143

② 評価方法の新しい考え方
　　―どこをどのように改めるか―　　146
　(1)　思考力と判断力を区別して評価する …………………………… 146
　(2)　思考力，判断力ともに表現活動をとおして評価する ………… 148
　(3)　多様な表現方法を取り入れる …………………………………… 150
　(4)　授業中に指導と一体に評価する ………………………………… 153

③ 「思考力・判断力・表現力」をみる評価問題例
　　―新発想によるペーパーテストの開発―　　156
　(1)　ペーパーテストの作成と活用の考え方 ………………………… 156
　(2)　ペーパーテスト問題の実際 ……………………………………… 158
　　　◆問題の解答例 …………………………………………………… 178

あとがき　182

第1章

「思考力・判断力・表現力」を どうとらえるか
― いかなる特質をもっているか ―

　学校では「思考力・判断力・表現力の育成」が1つの呪文のように唱えられています。これらの能力を育てることに異論を挟む人はいません。ところが，その重要性や必要性を認識しつつも，その育て方になると，必ずしも具体的で有効な手だてが返ってきません。
　本章では，具体的な指導のあり方や方法を考える前に，まず，そもそもいま求められている「思考力・判断力・表現力」とは何か。どのような特質をもつ能力なのかについて考えます。これは，思考力と判断力と表現力のもつ共通性です。具体的には「思考力・判断力・表現力」を学力の重要な基本要素としてとらえ，学力育成の側面からどのような性格をもつ学力なのかを検討します。これまでの学校教育で重視されてきた知識や技能といった「教えて身につける学力」とは，違うように思うからです。次に，思考力・判断力・表現力それぞれの能力の特徴や内容について検討します。「思考力・判断力・表現力」は3つの能力を一体のものとして，1つのフレーズで表現されます。しかし，思考力と判断力と表現力は，三者が相互に関連し合っているものの，それぞれ個別の能力であり，それぞれに違いがあると考えるからです。
　「思考力・判断力・表現力」について，学力という観点から見た3つの能力の共通性と個別性について考察することによって，指導のあり方や方法が見えてくるのではないかと考えたからです。合わせて，思考力と判断力と表現力の関係性について検討します。

1 「思考力・判断力・表現力」とは何か

(1) 学力としての「思考力・判断力・表現力」

① いつ頃から言われているフレーズか

 「思考力・判断力・表現力」といった，3つの「力」を並列させたフレーズは，いまでは日常的に見聞きしていますが，いつ頃から言われ始めたのでしょうか。

 話は平成4年度にさかのぼります。平成元年3月に改訂された学習指導要領が完全実施された年度です。当時，学校週5日制への移行が課題になっていました。週5日制が実施されると，子どもが学校で勉強する日数，すなわち授業時数が縮減されます。学習内容が削減される可能性がありました。このことから，国民の中から子どもの学力に対する関心や懸念が頭をもたげようとしていました。学力問題が社会問題になっていたわけではありませんが，国民各層から学校週5日制実施への支持を取り付けるためには，国とて「学力とは何か」を明らかにする必要がありました。

 それまでは，いろんなことをたくさん知っていること，いろんなことが上手にできることといった「知識や技能」に偏重した学力観が主流でした。また，「知識や技能」の習得状況を見るために，ペーパーテストによる評価が中心でした。中学校や高等学校での期末テストや，高等学校や大学の入試問題は依然として知識や技能を問う問題が主流を占めていました。

 こうした学力を知識や技能の「量」としてとらえる考え方では，学校週5日制への移行が十分説明できないと判断したのでしょう。文部省（当時）は「新しい学力観に立つ教育」を打ち出し，学力観の転換を図ったのです。余談になりますが，当時，教育雑誌の特集テーマや講演会の演題，研究会や学校の掲げた研究主題などにはこのフレーズがたびたび登場し，教育界におい

て一世を風靡したといってよいでしょう。1つの流行語になったほどです。
　当時,「小学校教育課程一般　指導資料」として刊行された『新しい学力観に立つ教育課程の創造と展開』(東洋館出版,平成5年)には,次のような記述があります。

> これからの教育においては,これまでの知識や技能を共通的に身に付けさせることを重視して進められてきた学習指導の在り方を根本的に見直し,子供たちが進んで課題を見付け,自ら考え,主体的に判断したり,表現したりして,解決することができる資質や能力を重視する学習指導へと転換を図る必要がある。

　ここには,明らかに「知識や技能重視から資質・能力重視へ」の移行が見られます。これは量的なものとしてとらえる学力観から質的なものとしてとらえる学力観への転換を図ったものです。
　また,同書の「まえがき」では「自ら学ぶ意欲や思考力,判断力,表現力などの資質や能力の育成を重視する新しい学力観に立つ学習指導を展開する」ことを求めました。重視すべき資質・能力の中核は,「学ぶ意欲」とともに「思考力,判断力,表現力」であるといえます。当時,こうした一連のフレーズは各方面で盛んに言われました。
　これを受けて,各学校では新しい学力観に立つ学習指導に熱心に取り組むようになります。ところが,子どもの意欲や能力の育成を重視するあまり,知識や技能を習得させる指導が相対的に軽く扱われるようになりました。こうした状況に対して「知識を身につけていなければ,考えたり判断したりすることはできない。まして表現することなどできない」「こんな基本的な知識も教えていないのか」などの指摘が出されるようになります。一部に誤解や理解不足があったものの,こうした指摘を受けて,文部科学省は先のフレーズに「知識や技能はもとより」といった文言を付け加えるようになりました。

その後，文部科学省の実施する学力調査（知識や技能を問うＡ問題と知識や技能の活用力を問うＢ問題）によって，バランスを考慮した学力向上が求められるようになりました。

② 学校教育法における学力の規定

なぜ，ここであえて25年も前のことを振り返ったのか。それには次のような意味があります。下記に，平成19年６月に改正された学校教育法の第30条第２項を転記しました。改めて目を通してほしいと思います。

> （前略）生涯にわたり学習する基盤が培われるよう，基礎的な知識及び技能を習得させるとともに，これらを活用して課題を解決するために必要な思考力，判断力，表現力その他の能力をはぐくみ，主体的に学習に取り組む態度を養うことに，特に意を用いなければならない。

これまでもたびたび見たり読んだりしてきたフレーズが見られます。そのキーワードの部分に筆者がアンダーラインをつけました。本条文には学力の基本となる要素が規定されています。学力の「栄養素」に当たるものです。すなわち，子どもたちに身につける学力は「知識及び技能」と「思考力，判断力，表現力などの能力」と「主体的な学習態度」（学ぶ意欲といってもよい）の３つから構成されることが法律において規定されました。

学力の基本要素が法律に規定されたことにはきわめて大きい意味があります。これまでわが国において，教師はもとより国民の中に学力のとらえ方に対して必ずしも十分な合意が形成されてこなかったからです。「学力とは何か」の答えが人によってまちまちだったといえます。学習指導要領に示された内容の厳選に伴って，平成10年頃に起こった学力低下を懸念する問題においても，多様な学力観に立ってそれぞれが主張していました。そこでは，知識や技能といった量的な学力観に立った主張が主流になっていたように思います。それぞれの足場が違っていたために，議論がかみ合わない結果にもな

っていました。

　各学校などで教師が同僚の間で学力について議論するとき，また各学校が保護者や子どもたちに学力とは何かを説明するとき，本条文は議論や説明のよりどころになります。本条文によって，学校としての共通認識に立ち，学習指導を展開できるようになりました。

③　「思考力・判断力・表現力」は学力の要素

　子どもの学力向上を話題にするとき，ややもすると知識や技能に偏りがちでした。各教科において，求められている知識や技能をしっかり習得させることはもちろん必要ですが，それだけでは十分な学力の形成につながりません。学力の中身を必要かつ十分なものとしてとらえるとき，思考力・判断力・表現力などの能力の育成を軽視するわけにはいきません。

　「思考力・判断力・表現力」は学力を構成する重要な要素であるという認識をもつこと，このことなくして，子どもたちに確かな学力の形成は期待できません。教師が意識し，意図的に指導することなく，子どもたちにはぐくまれることは考えにくいからです。

　新学習指導要領では，「資質・能力」の育成が重視されています。育成すべき資質・能力とは，学校教育法に定められた学力の3要素を踏まえて，次の「3つの柱」で説明されています。中央教育審議会の答申（平成28年12月）などによります。

---

①　何を知っているか，何ができるか
　　（各教科等に関する個別の知識・技能）
②　知っていること・できることをどう使うか
　　（思考力，判断力，表現力等）
③　どのように社会・世界と関わり，よりよい人生を送るか
　　（学びに向かう力，人間性等）

学校教育法で規定された学力の「3要素」と，ここに示された資質・能力の「3つの柱」との整合性と関係性は十分吟味されなければなりませんが，③の柱を除けば，学校教育法の規定と一致します。
　これからの学校教育において育成すべき資質・能力として，「思考力・判断力・表現力」などの能力があげられています。ここで示されている育成すべき「資質・能力」は，2030年の社会を見据えて検討されたものです。その意味で，これからの新しい社会を担う子どもたちを育てるうえで重要な意味をもっています。
　下図は，従来から説明されてきた，「生きる力」と「確かな学力」の関係を表したものです。文部科学省の資料によります。これを見ると「生きる力」の知的な側面が「確かな学力」であることがわかります。「確かな学力」は「生きる力」の1つの要素として位置づいています。

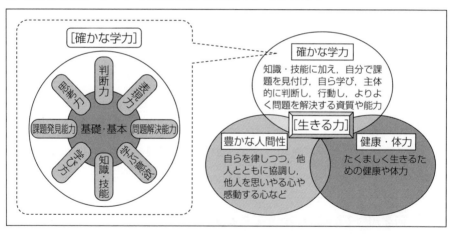

図1　文部科学省が示した「生きる力」と「確かな学力」の構造

(2) 育てる学力・見えない学力

①　「教え上手」といわれる日本の教師

　各学校では「校内研修（研究）」が実施され，わが国独特の研修スタイルとして根づいています。わが国では，教師としての資質・能力の向上を個人

の努力に委ねるだけでなく，校内や地域で相互に高め合う風土が見られます。学校や地域では，従来から互いに授業力を向上させるための授業研究や教材研究が熱心に行われてきました。わが国には「教え上手」という言い方があります。保護者も授業を参観して「この先生，教え方が上手ね。よくわかるわ」などと評価しています。子どもの学習状況を評価するときには，ペーパーテストが主要な手段でした。ペーパーテストがよくできれば，「成績がよい」とか「よく頑張った」などと好意的に評価されました。

　これまで，学校や家庭では「育てること」より「教えること」に多くの時間とエネルギーを割いてきました。知識や技能を身につけさせることが重要だとする学力観に立脚していたからです。わからせること，できるようにすることが教師の役割だとする認識が強かったからだといえます。「教諭」という文字が示しているように，「教え諭すこと」が教師の重要な仕事でした。

　わが国の教師は，これまで「教え上手」とはいわれてきましたが，「育て上手」とはいわれてきませんでした。

② 求められる授業観の転換―「育て上手」になりたい―

　知識や技能に関しては，教師がわかりやすく教えたり説明したりすることによって，子どもたちはわかるようになったり，できるようになったりします。スーパーマーケットで働いている人たちがどのような工夫をしているか。教師が教科書や副読本を読んだり写真を示したりしながらわかりやすく説明すれば，必要な知識は伝達され，身につけさせることができます。

　子どもたちがスーパーマーケットを見学するとき，事前に見学の目的や観察してくること，わかったことの記録の仕方などを説明すれば，子どもたちは見学の方法やまとめ方といった知識や技能を習得することができます。

　いま求められている「思考力・判断力・表現力」などの能力は，知識や技能のように伝達型の授業では育成されません。思考力・判断力・表現力は教えて身につく学力ではないからです。教師がいかに「教え上手」であっても，こうした能力は教えることができません。能力は教えて身につくことではな

く，子どもの内面にはぐくまれていくものだからです。思考力・判断力・表現力は教える学力ではなく，育てる学力であるからです。

このことは，教師が「教え上手」にとどまらず，「育て上手」に成長していかなければならないことを意味しています。これは教師観の転換を図ることです。そのうえで，教師自身が教えることと育てることのバランスと関連性を意識した授業観への転換を図ることが求められます。「育て上手だ」といわれるようになりたいものです。

③ 見えにくい学力—氷山にたとえる—

「知識や技能」は比較的目に見えやすい学力だといわれています。教科書には知識の内容が文字で書かれています。図表などでも示されています。問題の解き方や調べ方なども丁寧に説明されています。読めばわかるようになっていますので，読解力があれば理解できます。ペーパーテストは知識や技能を覚えていれば高い点数をとることができます。教科書は，一定の知識や技能を習得させるには優れた教材です。

ところが，思考力・判断力・表現力は教科書を読んでも身につきません。そもそも教科書には思考力・判断力・表現力の「実像（具体的な姿）」が示されていません。たとえ「○○さんの考え」とか「○○さんのまとめ」といった教材が示されていても，それは考えたことや表現した結果であって，思考力や判断力や表現力の姿ではないからです。

知識や技能は比較的目に見えやすい学力であるのに対して，思考力・判断力・表現力は目に見えにくい学力だといえます。学力を海上に浮かぶ「氷山」にたとえて考えてみます。氷山はその多くが海中にあるといいます。

私たちは海面上に現れている白い部分を実際に見ることができます。これが「知識や技能」です。見えることによって私たちは氷山の存在の有無や位置，大きさなどを確認することができます。ところが，通常は見ることができないのが海面の下に隠れている部分です。ここに「思考力・判断力・表現力」などの能力が位置づいています。意欲ややる気，主体性や人間性などの

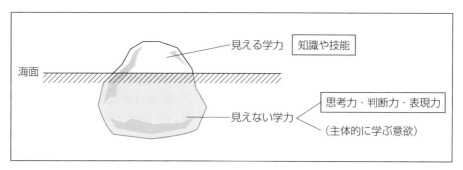

図2　氷山にたとえた学力像

資質も含まれています。

　事典によると，実際に見えている氷山の海面上の部分は，海面下の7分の1にすぎないそうです。海中に巨大な物体が沈んでいることを考えると，見えない部分（思考力・判断力・表現力）にこそ，氷山（学力）の本質があるように思われます。これまでわが国の教師が重視してきた「知識や技能」は氷山の一角を対象にしていたのです。

　思考力・判断力・表現力は見えない学力であるだけにそれだけ厄介なものです。思考力・判断力・表現力の姿を少しでも見えるようにするためには，思考力・判断力・表現力とはどのような力なのか。どのように指導すればはぐくまれるのか。また，どのように評価するかなど，周辺から攻めていく必要があります。これらの課題については，次の2節で具体的に検討することとします。

④　質的な深まりとして育つ

　子どもに習得させる知識は，単元ごとに独自の内容があり，一定のかたまりになっています。5年の社会科では国土学習，農業学習，工業学習などそれぞれに個別の知識があります。同じ教材や内容は再び登場しません。単元間においても，知識や技能相互の関連性や段階性はそれほど重視されていません。学習指導要領に示されている「内容」は学習の順序性を示していないといわれてきました。身につける知識が単元ごとに独立していることを意味

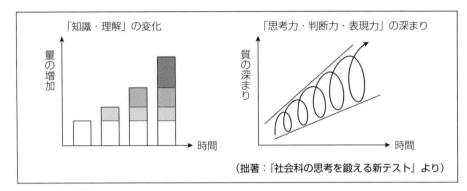

図3 「知識・技能」と「思考力・判断力・表現力」の違い

しています。

　知識は技能と同様に，量的な意味合いをもつ学力です。単元ごとに学習して習得した知識が積み上げられていきます。奈良の大仏をとおして身につけた知識の上に，平安文化に関する知識が積み上げられていきます。知識は学習経験を踏みながら，量的に増加していきます。

　それに対して，思考力・判断力・表現力などの能力は，学習をとおして螺旋を描きながらスパイラルに徐々にはぐくまれていく性質をもっています。ときには行きつ戻りつすることもあります。思考力・判断力・表現力は，学習の過程において質の深まりとして変化し成長していきます。学習の結果において習得される知識や技能とは性格を大きく異にしています。知識や技能が量的であるのに対して，思考力・判断力・表現力は質的な学力だといえます。

　知識や技能と思考力・判断力・表現力は本来違った特質をもっています。この違いを上の図のように表してみました。

⑤　問われる教師の子どもを「見る目」

　見えない学力とされる思考力・判断力・表現力を子どもたちに育てるためには，教師自身が子どもを「見る目（観察眼）」を鍛える必要があります。「見る目」とは見えないことを見ることができることです。

子どもの何げない動作やふるまい，つぶやきなどから心の動きや思考の状況を洞察する力，子どもの発言内容やノートやワークシートなどの記述から推察する力など，心や頭の奥を読み取る鋭敏な感覚が求められます。これらはすべて子どもに対する理解力に収斂されます。

　子どもを確かに「見る目」を養うには，一人一人の子どもを深く理解することが不可欠です。日頃からどのようなことに興味や関心をもっているか。どのような見方や考え方をする傾向があるか。つまずきがちなところはどこか，などの視点から一人一人を観察します。授業中に，いつもと違って意外な表情をした子どもを観察したとき，すかさず「○○さんはいまどうしてけげんな顔をしたの？　何か腑に落ちないことがあるのかな」と，教師が問いかけます。何げない動きも見逃さない観察力を発揮して子どもに発言を促し，表現させることによって見えないことが見えるようになります。

(3)　教科を超えた学力と社会科としての学力

①　「生きる力」としての学力

　学校教育の基本理念は「生きる力」をはぐくむことにあります。この教育理念は，これからの「知識基盤社会」の時代において，またグローバル社会，少子高齢社会，情報社会，成熟社会において，ますます重要になってきます。

　これまで，文部科学省は「生きる力」のイメージを12ページに示したような図で説明してきました。「生きる力」は「確かな学力」と「豊かな人間性」と「健康・体力」の3つの要素で構成されます。教育とは知育，徳育，体育の総体であることは従来から変わるものではありません。教育の不易の部分を継承しているといえます。

　将来を主体的，創造的に生きていくために，子どもたちに「生きる力」を育てることに同意しない人はいないでしょう。また，そのために「学力」をしっかり身につけることにも反対しないでしょう。問題になることは「学力とは何か」です。学力のとらえ方によっては，教師の指導も変わり，育つ子どもの姿も変わってきます。

前述したように，学校教育法（第30条第2項）には，学力の基本となる重要な要素が規定されています。ここには，習得した基礎的な知識及び技能を活用して「課題を解決するために必要な思考力，判断力，表現力その他の能力をはぐくみ」とあります。はぐくむ対象である思考力・判断力・表現力は課題を解決するために必要な能力です。これらの諸能力を端的にいえば「問題解決能力」だといえます。思考力・判断力・表現力などの能力を身につけることは，生きていくために必要なことです。

　これまで，文部科学省が示してきた「生きる力」と「確かな学力」との関係を示したイメージ図（例えば12ページ）によると，「確かな学力」の内容に，基礎・基本を確実に身に付け，自ら課題を見付け，自ら学び，自ら考え，主体的に判断し，行動し，よりよく問題を解決する資質や能力などと説明されてきました。

　ここでは「基礎・基本」と「問題を解決する資質や能力」が区別されています。「基礎・基本」とは何かを明らかにする必要がありますが，「問題を解決する資質や能力」が「生きる力」の知的な側面である「確かな学力」の中核として位置づけられてきました。

　過去には，「基礎・基本を確実に身に付け」の部分が12ページの図のように「知識や技能に加え」とか「知識や技能はもとより」などと示されていたことや，この部分の記述がまったくなかったこともありました。文部科学省が公表してきた資料によって文言に多少の変化や違いが見られます。

② 学力の中核としての思考力・判断力・表現力

　私たちの毎日は問題解決の連続であることを考えると，「課題を解決するために必要な思考力・判断力・表現力」は主体的に生きていくためにきわめて重要なものです。思考力・判断力・表現力は「確かな学力」の中でも，特に重要なものであることがわかります。

　思考力・判断力・表現力をはぐくむためには，基礎的な知識や技能を事前に習得していなければなりません。習得した知識や技能を活用して問題を解

決するために必要となる能力だからです。知識や技能を習得することなくして、それらを活用して取り組む問題解決的な学習は成立しません。思考力・判断力・表現力は、問題発見、問題追究の過程で発揮され、より確かなものとして昇華されていきます。

そこでは、自ら取り組もうとする意欲や態度も求められます。問題解決は自ら課題をもって取り組む主体的な営みだからです。目的意識をもって主体的に問題解決することにより、思考力・判断力・表現力が発揮され、さらにレベルの高いものとしてはぐくまれていきます。もちろん、問題解決をとおして新たな知識や技能を習得し獲得していくこともあります。問題解決的な活動は手段であると同時に目的でもあるからです。

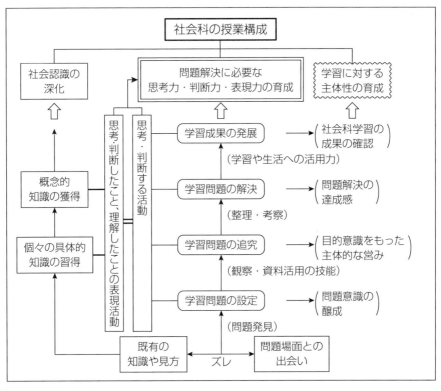

図4 「思考力・判断力・表現力」を中核とした授業構成

このように見てくると，思考力・判断力・表現力と知識や技能，それに主体的な学習態度は個々ばらばらに身についたり，発揮されたりするものではないことがわかります。遭遇した問題や課題を解決するという目的意識にもとづいて，相互に関連し合いながら，一体的，有機的に機能しているのです。そのイメージを前ページの図４のように表してみました。
　子どもたちは自らの問題意識と意欲的な態度に支えられながら，既に習得している知識や技能を活用し，思考力・判断力・表現力を発揮して問題を解決していきます。その過程や結果において，子どもたちは新たな知識や技能を獲得するとともに，思考力・判断力・表現力の質をさらに高めていきます。

③　教育活動全体ではぐくむ

　各学校の時間割には「思考力・判断力・表現力」に特化した時間がありません。あるのは，道徳を含む各教科，特別活動，総合的な学習の時間などです。このことは，各教科等の学習指導はもとより，生徒指導や給食指導など学校の教育活動全体を視野に入れ，教師自身が思考力・判断力・表現力をはぐくむことを強く意識して意図的に指導しないと，結果的として子どもたちにはぐくまれないことを意味しています。「思考力・判断力・表現力」が絵に描いた餅にならないようにしたいものです。
　思考力・判断力・表現力は教科を超えた学力であるとは，いずれの教科等においても意図的，計画的な指導が求められるということです。
　各学校では，これまで各教科等の学習指導において「言語活動の充実」を図ってきました。具体的には，言語に対する関心や理解を深めることや，言語に関する能力を図るうえで必要な言語環境を整備することなどです。各教科等において，子どもたちの読む・書く・聞く・話す活動を充実させる取り組みが行われてきました。ここでは言語活動を充実させることが目的ではなく，当該の教科等の目標や内容のより確かな実現を図ることと，思考力・判断力・表現力などの能力をはぐくむことを目的にしてきました。
　子どもに思考力・判断力・表現力をはぐくむためには，全教育活動におい

て子どもの言語活動を充実させることがポイントになります。

　思考力・判断力・表現力をはぐくむことを校内研修（研究）のテーマに掲げている学校があります。例えば「思考力，判断力を伸ばす指導のあり方」「表現力を育てる授業づくり」などです。そこでは，取り上げる教科を限定している場合と，限定せずに全教科で取り組んでいる場合とがあります。

　いずれにおいても思考力・判断力・表現力をはぐくむことだけを意識していると，当該教科の役割が不明確になり，その教科の目標や内容の実現があやふやになってしまうことがあります。当該教科の目標や内容をしっかり押さえ，その実現の過程や結果において思考力・判断力・表現力がはぐくまれるようにしなければなりません。このような配慮をしないと，教科の学力がつかず，役割が果たせなくなるからです。

　思考力・判断力・表現力をはぐくむことは，すべての教科等共通に課せられた課題です。学校教育の目標といってもよいでしょう。各教科には固有の目標や内容があり，当該教科の立場から思考力・判断力・表現力の内容や指導のあり方を考える作業が求められます。

④　社会科の固有性とは何か

　共通性と固有性は，ものを見たり考えたりするときの重要な視点であると考えています。社会科の授業を展開するとき，教科共通に課せられた課題のみに目を向けると，社会科固有の役割が果たせなくなります。一方，社会科固有の課題のみに目を向けると，社会科にも求められている共通的な課題が実現されなくなります。

　「基礎的な知識や技能」と「思考力・判断力・表現力」と「主体的に取り組む態度」の3つは，いずれの教科にも求められている資質・能力の基本となる柱です。いわば共通項といえます。以下，それぞれの要素について社会科の固有性を検討します。

　まず，社会科における「基礎的な知識や技能」についてです。社会生活についての知識を理解することや，観察したり資料を活用したりする技能を身

につけることは，社会科だけに求められている固有の事項です。「知識や技能」の内容を社会科として明確に押さえることなく，社会科としての授業は成立しません。筆者は，特に知識に焦点を当てて，多様な知識を階層的に構造化することを提唱してきました。「知識の構造図」の作成です。詳細については，『社会科学力をつくる"知識の構造図"』及び『"知識の構造図"を生かす問題解決的な授業づくり』(いずれも明治図書出版)を参照してください。

　次に，「思考力・判断力・表現力」に関して，社会科らしさをどのように考えたらよいのかについてです。思考力・判断力・表現力などの能力は，知識や技能のように頭の中で教科ごとにはぐくまれるものではありません。知識や技能と比べると，教科の独自性や固有性は薄いといえます。

　これまで実施してきた評価の観点の1つに「社会的な思考・判断・表現」があります。これはこれまでの学年目標に対応したもので，例えば，5年には「社会的事象の意味について考える力，調べたことや考えたことを表現する力を育てる」と示されてきました。社会科は，社会や社会的事象にかかわりながら学ぶ教科です。子どもたちは社会のことや社会的事象を内容や対象にして，思考，判断したり表現したりしながら社会的事象の意味や働きなどを学んでいきます。ここに社会科において思考力・判断力・表現力をはぐくむ際の特色があります。このようなことを押さえて指導しなければ，社会科が授業として成立しません。

　いま1つは「主体的に取り組む態度」を養うことについてです。社会科授業に主体的に取り組むようにするために，目的意識をもたせることや問題解決的な学習を展開すること，言語活動や体験的な活動を重視することなど，アクティブな学習がこれまでも実践されてきました。これらはいずれも子どもたちが主体的，協働的に学ぶようにすることであり，アクティブなラーナー(学び手)を育てる工夫です。

　これからの社会科授業においても，学習の主体者は子どもであること，学習は個別に成立していること，その状況は多様であることなどを学習の原則として押さえ，社会科の教科としての役割を果たしていきたいものです。

(4) なすことによって育つ学力

① 教えても身につかない

　思考力・判断力・表現力といった能力の指導方法にはどのような特色があるのでしょうか。知識や技能は「教える学力」であるのに対して、思考力・判断力・表現力は「育てる学力」だと述べました。このことは、思考力・判断力・表現力といった能力は教えても身につかないことを意味しています。

　「思考とはどのようなことなのか」「思考力とはどのような力なのか」「思考力はどのように育つのか」といったことは、いかに言葉巧みに教えたとしても、それを聞いただけでは思考力ははぐくまれません。話して聞かせても身につかないところに、思考力をはぐくむことの難しさがあります。同じようなことは判断力や表現力についてもいえます。

　思考力は、子ども自身が目的意識をもって思考する（考える）という主体的な行為を繰り返し行うことによって、子ども一人一人の内面に「力」として形成されていきます。ここでいう行為とは活動であり、操作です。学校教育においてはこれまでも「なすことによって学ぶこと（Learning by Doing）」を重視してきました。これは子どもを育てる鉄則だといってもよいでしょう。

　思考力・判断力・表現力は、「なすことによって育つ学力」です。「なすこと」を工夫することによって思考力・判断力・表現力をはぐくむことができます。なすために必要となる最大の要件は、なすための場面が用意されること、すなわち、思考、判断する場面や表現する場面が設定されなければ、子どもたちはそうした活動に取り組むことができません。授業づくりにおいては、ここに授業者の最大の努力点があります。思考力・判断力・表現力をはぐくむために、授業者が腕をふるう場面です。

　「子どもの思考力を伸ばす」ことを研究主題に掲げて実施された、社会科の研究授業を参観したことがあります。子どもに思考力をつけたいという学校の思いは伝わってきましたが、授業を参観してそれを実感することはでき

ませんでした。45分間の授業の中で子どもたちに考えさせる活動が一切見られなかったからです。もちろん本時の学習指導案にも計画されていませんでした。これでは子どもたちに思考力が育つことは考えられません。

「なすことによって育つ」という原則は，思考力だけでなく，判断力や表現力を育てる場合についても同様にいえます。

② 思考・判断・表現するために必要な要件

教えても身につかない思考力・判断力・表現力を子どもたちにはぐくむためには，なすための場面を設定すること以外に，どのようなことが必要になるのでしょうか。大きくとらえると，内容と方法，それに態度の3つの側面から考えることができます。

まず，必要となる内容を思考や判断と表現に分けて考えることです。思考したり判断したりするためには，そのための材料やよりどころとなる知識を習得していなければなりません。思考や判断は既に習得している知識を活用して営まれる行為です。そうでなければ，思考や判断が単なる思いつきだったり，思考や判断したことを説明する際にも説得力のないものになったりします。

社会科においては，観察や見学，調査などの活動や資料を活用して，社会や社会的事象の「事実」を把握することが前提になります。このことを踏まえることによって，思考したり判断したりしたことが，科学的で合理的なものになります。説明にも耐えうるものになります。

表現するという活動を成立させるためには表現する内容が必要です。ここでの内容には，思考したり判断したりしたことだけでなく，理解したことや感じたことなども含まれます。考えたことやわかったことなど自分の考えや習得した知識を意識していなければ，そもそもそれらを表現することはできません。

いずれにおいても，思考力・判断力・表現力は，学習内容の習得・獲得と一体にはぐくまれていく力であるということです。

次に、方法的な側面について考えます。思考力・判断力・表現力のいずれについても、技能（スキル、学習技能）を習得している必要があります。思考の仕方、判断の仕方、表現の仕方です。シンキング・スキルという言い方もありますが、広義にはラーニング・スキル（学び方）です。

　思考のスキルを明らかにするためには、思考するとは具体的にどのような行為なのかを明らかにする必要があります。このことによって、思考力のはぐくみ方が見えてきます。判断力や表現力についても同様です。

　また、思考、判断、表現するためには「手段（道具）」が必要になります。思考、判断するために最も有力な手段は「言語」です。言語という道具によって、思考・判断したり理解したりするという、知的な活動を行うことができます。言語のほかに、地図や年表、図表やイラストなどの手段を取り入れることによって思考や判断が促されます。調べてわかったことや考えたことを表現するためにも言語は有力な道具になります。社会科においては、図表や関連図、地図、イラストなど言語以外の多様な手段が表現活動をより豊かなものにします。このことがより豊かな表現力をはぐくむことにつながるからです。

　さらに、態度的な側面について考えます。子どもが思考・判断・表現する際には、子ども自身の学習態度が大きく左右します。学習に対して意欲的であること、目的意識が明確であること、問題解決の見通しをもっていることなどが、思考・判断・表現するという主体的な営みを展開するために必要な要件です。これまで社会科の授業において、問題解決的な学習や体験的な活動が重視されてきたのは、こうした趣旨を踏まえたものです。

　意欲的、主体的に取り組む学習態度は、子どもたちの中に醸成されるものです。主体性や学習態度も教えて身につけるものではありません。こうした資質や態度を養うことを度外視して、思考力・判断力・表現力だけが単独にはぐくまれることは考えにくいです。

　このように、内容と方法（スキルや手段）と態度の３つの側面から、思考力・判断力・表現力をはぐくむために必要な要件をとらえることができます。

このことによって、思考力・判断力・表現力を鍛える指導のヒントが見えてきます。

③ アクティブな学びを重視する

子どもたちに思考力・判断力・表現力をはぐくむためには「なすことによって学ぶ」ことが大切であることを強調しました。それは子どもたちが自ら主体的に取り組む学習や友だちと協働的に学ぶ学習を展開することであり、いま各教科で課題になっているアクティブ・ラーニングを展開することです。

なお、新学習指導要領の総則では「主体的・対話的で深い学び」と言い換えています。「協働的」が「対話的」に変わった経緯は明らかにされていませんが、社会科的に考えると、友だちや教師、地域の人たちや教材に登場するさまざまな人たちとの対話を含め、みんなと一緒に「協働的に学ぶ」ことを重視したいものです。本書ではアクティブ・ラーニングと表記していきます。

社会科は、問題解決的な学習が象徴しているように、歴史的にアクティブな学習を展開してきた教科だといえます。観察、見学、調査、資料活用などの活動や、討論、話し合い活動、発表や報告などの活動、グループ活動などは、これまでの社会科でも日常的に取り入れられてきました。

社会科において、アクティブ・ラーニングの問題は決して目新しいことではありません。今後も、各学年の発達段階や教材の特質、時間数との関連を考慮して効果的に位置づけたいと考えます。

アクティブ・ラーニングに対して、授業を「アクティブ」にすることに関心が集まっています。そのため、子どもが主体的に取り組むことだけが重視される傾向も見られます。重要なことは、授業がアクティブな「ラーニング（学習）」として成立することです。学習として成立するとは、教師が掲げた指導の目標が子ども一人一人において有効に実現されることです。子どもたちが目的意識をもって主体的、意欲的に取り組むことによって、社会科の力を身につけることが重要です。アクティブであることは必要ですが、それだ

けでは十分な授業とはいえません。

　そのためには，アクティブ・ラーニングにおいて何より重要なことは，学び手である子どもの頭と心の中をアクティブにすることです。このことによって，問題解決的の過程や結果において思考力・判断力・表現力などの能力がはぐくまれていきます。

　アクティブ・ラーニングは指導方法上の課題です。アクティブな学習活動は学習方法の１つであり，方法や手だてを目的化しないようにしなければなりません。そのためには「何のためか」という確かな目標設定と，「何を」教えるのかという内容の押さえがポイントになります。アクティブ・ラーニングは教科共通に重視したい指導方法であることを踏まえると，目標と内容にこそ社会科の固有性があります。

　なお，「主体的・対話的で深い学び」といわれるアクティブ・ラーニングについては，第２章の１節でさらに詳細に述べることとします。

2 「思考力」「判断力」「表現力」のとらえ方

(1) 「思考力」とはどのような能力か

① 考えることは主体的な行為

　私たちは誰でも環境の中で生きています。その環境とは，社会的，文化的，自然的，そして人的な環境などをあげることができます。そうした社会や生活の場で，私たちはさまざまな課題に遭遇します。それらの問題や課題の解決において必要となる能力が思考力です。もちろん，他人に教えられながら問題解決する場合もありますが，それでは主体的に生きているとはいえなくなります。思考力は主体的に生きていくために求められる重要な能力です。

　多くの学校では，これまでも教育目標や学級目標に「知・徳・体」の知育の要素として「考える子どもを育てる」ことを掲げてきました。日々の授業において，教師は子どもたちに「考えましょう」とたびたび促し，考えることの大切さを指導してきました。これは考えることがいかに大切であるかを学校や教師が意識している証です。また，子どもに考える力が十分育っておらず，教育課題になっていることの現れでもあります。思考力を育てることは古くて新しい課題だといえます。

　教育には教えることと育てることがあります。知識や技能は教師がわかりやすく教えて身につけさせることができます。教えるとは一方的に教え込むことではありません。一方，思考力は教師が話しても身につきません。思考力は教えることではなく育てることだからです。考えるという行為を行うのは子ども自身です。子どもは教師の整えた環境の中で，子ども自身の意思にもとづいて内面で営まれる，きわめて主体的な営みです。子ども自身が考えなければ，考えるという行為は成立せず，結果として思考力もはぐくまれません。

子どもたちは教師から一方的に「考えましょう」と指示されても，子どもの側に何について考えるのかといった問題意識や考えようとする意欲がなければ考えるという行為は営まれません。このことは，思考力をはぐくむことが「主体的に学ぶ態度」を養うことと一体であることを意味しています。思考するとは目的意識をもった子ども自身の意思と意欲にもとづく行為であるからです。

　考えるためには，そのもとになる材料がなければなりません。「材料」とは知識や技能です。既に習得している知識や技能を活用しながら根拠のある，科学的な思考が働きます。単なる思いつきは思考ではありません。思考するという行為は，知識や技能とも深く関わり合いながら営まれるものであることがわかります。

　このように見てくると，思考力とは子どもの意思や意欲とともに，知識や技能とも結びついた「総合的な力」であることがわかります。それは，子ども一人一人においてきわめて個別的で個性的なものとしてはぐくまれます。そしてそれは，言語や造形や身体などの手段（道具）で表現されなければ，周囲に伝わりません。思考は子どもの内面で営まれる行為だからです。何らかの手段で可視（聴）化されなければ，思考していることや思考した内容は伝わりません。その内実を周囲の人はとらえられません。それほど思考や思考力は具体的な実像がとらえにくい，目に見えにくいものです。

②　思考とは知的な活動である

　思考（考える）とは，広義にとらえれば人間の知的な活動（営み）です。思考することによって，事象の関連性や法則性，傾向性，本質などを認識することができます。社会科において思考するとは社会を理解・認識することにほかなりません。社会とはいかなるところなのかがわかるようになるためには，思考するという知的な営みが不可欠です。たとえ直感的，感覚的に把握したことであっても，思考することによって合理的，科学的な認識に高めることができます。

思考力とは思考する営みをとおしてはぐくまれる能力の総体です。こうすれば思考力が育つといった，直線的な手だてはありません。さまざまな思考の営みをとおしてはぐくまれていきます。さまざまな営みとは，多様な方法や手だてを使って考え，問題を解決する経験を積むことです。

　子どもに思考力をはぐくむとき，思考力の中身を具体的に吟味すること，すなわち思考するとは具体的にどのような営みなのかを検討することによって，その実像がとらえられるようになり，その結果，指導の手だても見えてくるのではないかと考えます。

　社会科の新学習指導要領には，学年の「思考力，判断力，表現力」に関わる目標に「考える力」とあります。3，4年には「社会的事象の特色や相互の関連，意味を考える力」，5，6年には「社会的事象の特色や相互の関連，意味を多角的に考える力」と示されています。特色を考えることは「特色を把握する思考」であり，相互の関連を考えることは「関連思考」です。社会的事象の意味を考えることは社会的な「意味の思考」です。5，6年の社会的事象を多角的に考えるとは，「多角的思考」の育成につながるものです。新学習指導要領の各学年の目標を見ると，少なくとも4つの思考類型が示されていることがわかります。

　考える（思考する）ときには，「何を思考するか」という内容と，「いかに思考するのか」という方法の2つが必要です。ここでいう「関連思考」とは思考の内容と方法を対象にしているのに対して，「意味の思考」は思考の内容を，「多角的思考」は思考の方法をそれぞれ指しています。思考する内容と方法はいずれも知的に活動するときに求められます。

③　思考力を具体的に考える

　思考力を育てるためには，思考力とはそもそもどのような能力なのかを明らかにする必要があります。思考するとは具体的にどのような営みなのかを整理することによって，思考力を育てる手だてが明らかになってきます。

　例えば次のような思考の類型が考えられます。

●比較思考
　２つの事象や事実を比較して相違点と共通点がわかること。比較するときに共通の観点を設定して見る。比較した結果を整理するなど。
●関連思考
　複数の事象や事実相互の関連や関係を説明すること。具体的には，原因と結果の因果関係，結びつきなどの相関関係，一方向性をもったサイクル関係，双方向性をもった関係，循環型（リサイクル）の関係，表裏一体の関係などさまざまな関係性が考えられる。
●分類・整理思考
　複数の事実や事象を観点を設定して，ＫＪ法などの方法で分類し整理すること。これによって，新たな見方や考え方ができるようになる。縦軸と横軸のそれぞれに観点を設定したり，軸を十文字型に書いて４つの場面に事象を位置づけたりして整理することもある。分類・整理すること自体が思考することである。
●帰納的思考
　複数の具体的事実をもとに，一般化，抽象化，概念化する思考。両者を結びつける言葉に，「つまり」「まとめると」などがある。
●演繹的思考
　これは帰納的な思考の逆。概念を具体化する思考。概念を具体化する言葉に「例えば」「具体的に表すと」などがある。
●意味思考
　事象の意味や背景，理由などを考え説明できること。教師の「なぜですか」「どうしてですか」などの発問によって，思考が促される。考えるための事実を把握していることが前提になる。
●総合的思考
　多様な事象を総括する思考。演繹的な思考に近いが，全体の姿や傾向性などを把握する際に発揮される。例えば，時代の特色，分布の傾向，

グラフや統計の読み取りなど。
●条件思考
　一定の条件のもとに，あるいは条件を設定して考えること。社会科では，人々の生活を地形条件や気候条件をもとに考えたり，先人の働きを当時の時代背景を踏まえて考えたりすることが重視される。
●多面的思考
　事象や事実を多面的に見たり考えたりすること。多様な角度から考えることが，物事の総体をとらえ対処するうえで重要である。多様な立場からとらえ考える多角的思考，多様な視点や観点を設定して考える分析的思考などと類語。
●予測思考
　これから先のことを予知・予測すること。社会で起こりうる課題を考える（課題の想定）。予め学習問題の結果を考える（予想，仮説）。これからの社会を想像する（未来予測）など。
●仮定思考
　「もしこうだったら」と仮の場面や立場を想定して考えること。万が一事故に遭遇した場面を想像させたり，歴史学習では人物の立場で考えさせたりすることがある。
●論理的思考
　筋道を立てて考え説明できること。例えば，なぜそう言えるのかを事実にもとづいて説明する。思考や理解の深まりを理由をつけて言える。「結果と原因の関係」「はじめ・中・終わり」「起承転結」など，表現する際の構成が明確であることなど。
●公正な思考
　事象や事実を公正的に見たり考えたりすること。バランス感覚をもって考えることも大切な能力である。

④ 「操作」をとおして思考力を育てる

　思考の類型として示した，比較，関連，帰納，演繹，条件，予測，仮定など多くは思考する際の「操作」を表しています。例えば，比較思考とは両者を比較することによって考えることです。関連思考は複数の事象を関連づけて考えることです。社会科の授業において，操作的な活動場面を意図的に設定し，具体的な活動を促すことによって，子どもたちは考えるという知的な活動を展開していきます。その結果，思考力がはぐくまれていきます。

　思考力を育てる最大のポイントは，子どもたちに思考操作（考える活動）を促すことです。思考力は子ども自身が思考することによってはぐくまれます。

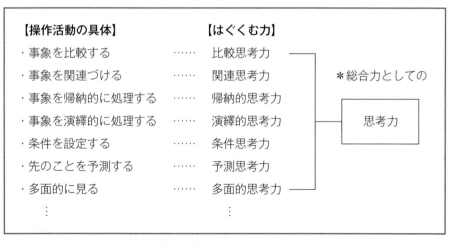

図5　思考力は操作をとおしてはぐくまれる

　上の図は，具体的な操作活動とそこではぐくまれる力，さらに総合的な力としての思考力との関係を示したものです。

⑤ 思考力を育てるポイント

　思考力は教師主導の授業では育てられません。子どもの主体的な学習活動をとおして，一人一人の子どもの中にはぐくまれていきます。そのためには，

次のような視点から授業づくりを進めるとよいでしょう。

> ●子ども理解
> 　子ども一人一人がどのような理解や思考の仕方をするのか。学習に対してどのような取り組み方をするのかなどの観点から子どもを理解する。
> ●意識のゆさぶり
> 　子どもたちにとって意外性のある教材や資料を提示する。そして,「おかしいな。どうしてだろう」という疑問や好奇心,「たぶん,こうなっているに違いない」という期待や予想,「もっと詳しく調べてみたい」という意欲や追究心などを引き出す。
> ●場の設定
> 　考える場や機会を意図的に設定し,そのための時間をとる。1人で考える,みんなで考えるなど学習形態を工夫する。
> ●事実認識の重視
> 　観察や見学,調査,資料活用など調べる活動を重視し,事実を丹念にとらえさせる。事実にもとづいて考える習慣と力をつける。

　子どもの思考力を評価する際には,思考した結果,どのような考えをもつようになったかという内容を対象にする場合と,どのように考えを構築しているかという思考の手続きや操作の方法を対象にする場合の2つがあります。評価規準を設定する際には,いずれか一方にするのか,あるいは両者にするのかを予め決定しておきます。

⑥　つなぎ言葉の指導

　つなぎ言葉とは,文と文を関係づける副詞や接続詞をいいます。思考はつなぎ言葉によって促されます。
　「トマトを作っている農家の人はいろんな工夫をしていたよ」と発言した子どもに,「例えば」と聞き返すことによって,子どもは工夫の中身を具体

的に考えようとします。演繹的な思考が促されます。つなぎ言葉には次のようなものがあります。

> ・例えば（具体例を引き出す）
> ・つまり（一般化，概念化させる）
> ・だから（原因に対して結果を引き出す。先を予測させる）
> ・でも，しかし（反対の考えを引き出す。反論を促す）
> ・つなげると（関連づけた考えを引き出す）
> ・まとめると（複数の事実を総括させる）
> ・比べて（違いと共通点を考えさせる）
> ・それに，付け足すと，さらに（考えを深化したり広げたりする）

(2) 「判断力」とはどのような能力か

① 「生きる力」としての判断力

　私たちは誰でも，毎日の生活のさまざまな場面で常に判断しながら生きています。人生は「判断する」という営みの連続です。例えば家庭で夕食後に，テレビを見るか，本を読むか，それともほかのことをするか。テレビの前に座ってスイッチを入れたとき，どの番組を観るかなど，「判断する」という営みは日常的に行われている知的な行為です。しかもそれは多くの場合連続的です。その際に必要となる能力が「判断力」です。

　また，判断力は社会の中でさまざまな人や事象などと望ましい関わり合いを創り出していくために必要な能力です。私たちは誰でも，毎日のさまざまな生活場面で意図的，無意図的に常に判断しながら生きています。特に問題場面に遭遇したときに判断することが求められます。人生は「判断する」という行為の連続であるといえます。

　近年の青少年の行動などを見ると，とても正常な判断とは思えない行動や態度に出くわすことがあります。かけがえのない生命や財産を奪ったり，人

格や人権を侵したりする事象や事件があとを絶ちません。また，困っている人に出会っても，手を差し伸べることをしない。自分の考えをもたず，周囲の雰囲気に流されて行動している実態も見られます。こうしたことは，それぞれの場における状況把握とともに，適切な価値判断による行動がとられていないことを意味しています。いまこうした状況が日本社会のあちこちで見られるようになったのは，学校や家庭での判断力を育てる教育が不十分か，あるいは子どもたちがその成果を十分に発揮していないかのいずれかだと考えられます。

このように，判断するという営みやそこで必要になる力は，単に学校や家庭での学習場面において必要であるだけでなく，社会生活を主体的に営んでいくうえで必要不可欠な能力です。判断力は，社会の中でさまざまな人や事象などと望ましい関わりを創り出していくために必要な能力です。その意味で，判断力は「生きる力」であるといえます。

② 判断の具体と2つのタイプ

判断するとは，「AとBのどちらを選択するか」「誰の意見に賛成するか」「次の行動の仕方をどう決定するか」など，「選ぶ（選択する）」とか「決める（決定する，決断する）」といった行為のことです。私たちは日常生活におけるさまざまな場面で「選ぶ」「決める」行為が求められます。これが判断の具体です。判断力は日常生活のあらゆる場面で必要とされる能力です。「生きる力」を形づくる基本能力であり，生き方を決定する際に必要とされる能力です。

判断を下すとき，大きく分けると次の2つのタイプがあります。1つは「瞬時の判断」です。これはその場で状況を把握すると同時に判断を下す即決のタイプです。いま1つは「熟慮した判断」です。熟慮する時間は一概にいえませんが，判断を下すまでに一定の時間を要するタイプです。いずれのタイプも状況の把握と一定の基準による判断が行われるところに特質があります。

日常生活において,「正しい判断だった」とか「判断を間違った」「善悪の判断ができない」などといわれるように,判断には「基準」が伴います。判断基準は,その場の状況やその人のものの考え方,生き方などと深く関わっています。場合によっては,判断した結果に対する厳しい評価が問われることもあります。判断の仕方や結果はその人の生き方や生きる力の反映であるともいえます。いつも他人の判断に従って対処しているのでは,主体的に生きているとはいえません。

③ 「判断力」を構成する3つの力

　判断力は「生きる力」に直結する高度で総合的な能力です。判断力をどのようにはぐくむかを検討するには,判断力を構成する具体的な力とは何かを明らかにする必要があります。判断力は次のような3つの力から構成されると考えられます。これらは判断力を発揮する際の手続きでもあります。

　まずは「観察力」です。これは状況や問題場面を正しく把握し理解する力です。「事実認識力」と言い換えることもできます。具体的には,観察,調査,資料活用など調べる活動を展開することです。調べる活動を成立させるためには,事前に観察や資料活用の技能を習得していなければなりません。

　確かな事実認識は判断を下す前提条件になります。事実を正しく把握していなければ判断も誤ってしまうことになります。ここでいう「正しく」とは,事実にもとづいて,例えば客観性や公正さ,新しさなどが根拠になります。先入観や偏見をもたず,状況を冷静かつ客観的にとらえることが前提となります。また,存在していても見えないということにならないよう,明確な目的意識や問題意識をもって観察すること,予め視点や観点を設けて分析的に観察すること,ときには私見や私情を差し挟まずに状況を客観的に理解することなどが求められます。

　次に必要な能力は「思考力」です。これは把握した事実を比べたり関連づけたりしながら,状況を多面的,多角的にとらえる力です。状況の背景なども含め,総合的に理解するために必要になります。物事の本質をとらえるこ

とがより適切な判断に結びつくからです。

　観察・把握した事実をもとに思考するという操作をとおして，状況の背景や原因など見えなかったもの（こと）が見えるようになってきます。ある状況に出会ったとき，それがどうしてそうなのかが理解できるようになると，その状況に対してどうしたらよいか，その後の対処の方法が一層判断しやすくなります。一般に「思考・判断」と一括して表現されたり，思考と判断をセットで言い表すことが多いのは，思考するという営みが選択したり決定したりするなど判断する際の重要な前提となり，多くの場合一体的に行われているからです。判断力は思考力を包含したものと理解することもできます。

　いま１つは「意思決定力」です。自分はこれからどうするか。どう考えるのか。何を選択するのかなど，自分なりの考えをもち行動の仕方を決定することが，一人一人において求められます。ここでは，これまでに観察・把握した事実や，思考したその背景などをもとに，またこれまでの経験や体験なども参考に選択・決定されます。これが判断力の中核です。

　そこでは，判断するという行為に対して合理性，科学性，総合性，公正性，客観性などさまざまな観点から信頼性が求められます。また「どうしてそのような判断をしたのか」という問いに答えられるように，判断の根拠や理由，思いや願いを明らかにし，説明できるようにしておく必要があります。

④　判断には「基準」が伴うこと

　判断するとは他人の行動や考えなどを批評したり評価したりすることでもあります。「よい考え方ですね」と感想を述べるときにも判断力が問われます。「よい」「悪い」と評価したり，「はい」「いいえ」で応答したりすること自体が判断している行為だからです。授業中に意思決定したり，他人の意見などを評価したりする場面を意図的に設定し，こうした行為を子どもたちに促すことによって，判断力が養われていくものと考えられます。

　判断するときには基準が必要になります。判断力をはぐくむとき重視したいことは，どうしてそう判断したのか。何をもとに判断したのかです。これ

は判断基準をしっかりもつことです。判断基準（判断のものさし）は一般に次のように設定されます。

- より優れているのはいずれかという基準。「善悪」とか「優劣」といった尺度で、ここでは「賛否」や「適否」が問われるときもある。いずれにおいても、基準に価値が含まれることから、同じ状況であっても判断が人によって違ってくることもある。
- 社会通念、一般常識が基準。従来はほぼ共通的な尺度であったが、近年価値観の多様化や社会の急激な変化に伴い、基準が人によって、時代の変化によって違いが生じるようになり、いわゆる常識といわれる尺度も崩れつつある。
- 理想や理念に基づいた基準。その人の信念といってもよい。その人の生き方や考え方などの哲学であったり、これまでの経験や体験などで形成されたものの見方や考え方の枠組み（スキーマ）であったりする。

---

⑤ 「正しい」判断とは何か

このように見てくると、同じ状況場面であっても、判断の仕方や結果は人によって違ってくることがあります。判断の結果は決して一様でありません。判断するという営みは、きわめて個別的です。したがって、ここで必要になってくるのが「正しく」判断する力です。

ここでいう「正しさ」には次の２つの意味があります。１つは、結果に対する絶対的な正確さ（判断した内容の善し悪し）です。判断を誤ると、厳しく指摘されることがあります。その後の行動を誤る結果にもなります。ただ、近年価値観の多様化が進行し、絶対的な正しさが曖昧になりつつあります。いま１つは、どのような手順や方法で判断したのかといった、判断に至った論理性や筋道など手続きにおける科学性や妥当性です。これは手続きの正確さです。

正しいとは，絶対的な正確さ（判断の内容の善し悪し）だけをいうのではありません。どのような手順や方法で判断したのかといった，判断の論理性や筋道といった手続きにおける妥当性をも含んでいます。この部分にも判断が正しいかどうかが問われます。教師が子どもの判断結果を評価する際，判断した内容を対象にするのか。どのように判断したのか，手続きを対象にするのかを明確にしておきます。これは評価規準を設定する際のポイントにもなります。

　子ども一人一人が状況場面において「正しく」判断できるようにするためには，日々の授業や学校生活で前述した観察力，思考力，意思決定力などの諸能力を育てます。また，判断に当たっては，合理性，科学性，総合性，公正性，客観性などが要求されますから，こうした視点からものを見たり考えたりする能力についても身につけさせたいものです。

⑥ 手薄だった判断力の育成

　これまでの授業では，必ずしも意図的に指導されてこなかった実態が見られます。社会科においては，子どもの学習状況を評価する際の観点に「社会的な思考・判断・表現」があります。ところが，思考と判断を一体にとらえてしまい，判断について特に意識して評価してきませんでした。思考と判断の違いそのものについても十分吟味されてこなかったようです。判断力に目が向かなかった原因の1つに，判断力の育て方が明確でなかったことが考えられます。

　ちなみに，児童指導要録において「判断」という用語は，昭和31年以降，社会科の評価の観点として位置づけられてきました。当時は「道徳的な判断」「社会的道徳的な判断」という表記でした。昭和46年には「社会的思考・判断」と現在の原型に変わっています。全教科を見渡しても，これまで評価の観点の要素に「判断」が位置づけられてきたのは，社会科のほか体育科だけでした。そのために馴染みがなかったのかもしれません。なお，社会科の新学習指導要領には各学年の目標に，社会に見られる課題の「解決に向

けて社会への関わり方を選択・判断する力」を養うと示されています。

　学習場面においてさまざまな選択や決定を行う判断力は、その子どもの日常の学習や生活における行動との結びつきの中で、さらに確かなものとして形成されていきます。例えば、「ごみの始末と再利用」に関する学習で、子どもたちが「リサイクルするために古新聞や古雑誌を提供しよう」「古紙を使った再生紙をもっと使うべきだ」と結論づけても、実際にそのような行動をとるようにならなければ、「判断力が発揮された」「適切に判断した」ということにはなりません。再生紙を積極的に活用する子どもが育たなければ、一人一人の判断結果が生活や社会において生かされたことにはならず、学習の効果も十分ではなかったことになります。

　このことからわかることは、判断力は特に意思や行動の決定場面において、最終的には一人一人に求められること、時と場合によっては自己責任を伴うということです。判断したことに対して一定の責任を伴うという、きわめて厳しい選択が判断するという営みです。子ども一人一人の判断する営みやそこで発揮される判断力は単に授業レベルで求められているだけではありません。その人の生き方や生きる力とも深く関わっているとはこうした意味合いをもっています。

⑦　判断力をはぐくむ指導のポイント

　次に、判断力の育成を実際の授業場面において具体的に考えます。今日、問題解決的な学習を展開することが求められています。これは前述したように学習に対する子どもの主体性を育てるとともに、問題解決能力を育てるという意図とねらいがあります。問題解決的な学習における「学習問題をつかむ」「学習問題を追究する」「学習問題に対して整理・考察する」「学習成果を発展、活用する」といったそれぞれの学習場面で、子どもたちが判断を下す場面や機会を設定します。それぞれの場面での判断が問題解決の過程において連続・発展していることが望ましいと考えます。根拠にもとづいた判断、問題解決による解釈と判断、自分なりの結論と考察といった行為の繰り返し

が判断を下す力（判断力）の形成につながるからです。

　判断には「正しさ」が求められ，「正しい判断」とは判断の手続きにおける妥当性を含むと先に述べました。それは，学習場面において事実をもとに判断する場面や，価値や行動を判断する過程において形成されます。すなわち，問題解決のそれぞれの過程において，次のような判断ができるようにすることです。これらは子どもに判断力を形成するうえで重要な手だてでもあります。

・事象や現象などとの出会いから問題や疑問を見いだし，自ら追究・解決していこうとする意欲をもつ。（学級や自分の学習問題の決定）

・問題に対してこれまでの既有の知識や経験などをもとに根拠のある予想（仮説）を立てる。（自分の予想の決定）

・予想（仮説）を立証・解決するための学習計画を立案する。（学習計画の作成）

・問題の解決に必要な資料や情報を収集・選択して追究し，調べたことから解決の糸口を探る。（自分なりの問題解決）

・自分の考え（結論）を学級の友だちに公表し，友だちと吟味・検討することをとおしてより確かな結論を導き出す。（結論の吟味）

・獲得した知識や見方を他の事例に応用・転移するとともに，学習成果を生活や社会の中で実践しようとする。（生活化，社会化への判断）

　こうした問題解決の過程において，自分の考えや考え方をしっかりもち，思考活動と一体に判断するという行為を繰り返し経験することによって，判断力がはぐくまれていくものと思われます。こうした判断力には，本来，子どもの発達状況に応じて段階性（ステップ性）がありますから，それぞれの学年に応じて系統的に指導すべきものです。先に述べた観察力，思考力，意思決定力の一つ一つについて，子どもの実態にもとづいて各学年においてどこまで高めるのか。指導の目安を明らかにしておくとよいでしょう。

(3) 「表現力」とはどのような能力か

① 「生きる力」としての表現力

　人間は常に人格的に表現し，自己表現を図りながら生きています。その際に必要となる力が表現力です。表現力を発揮するためには，表現する内容とともに，そのための手段が必要になります。

　手段は大きく言語系と非言語系に分けることができます。前者は，言葉，数字，記号や符号など主として言語によるものです。後者は，音楽（歌唱や合奏による演奏），写真や絵画などの映像や画像，手や足や体などの身体，彫塑や工作などの造形による表現があります。表情や感情，ふるまいなどは非言語系の表現です。社会科では言語や地図，図表，グラフなどが主な手段になります。ときには，ごっこ活動や動作化，劇化なども行われます。

　このように整理すると，人間として生きていること自体が表現していることであり，そこで求められる能力が表現力であるといえます。表現力が「生きる力」の重要な要素の1つとされてきたのはこうした意味合いからです。

② 表現力育成の課題と改善点

　これまでの表現力を育てる指導には，次のような実態が見られます。これらは社会科に限らない，一般的な傾向です。

- かつては表現力を育てる意図的な場が，主に国語科，音楽科，図画工作科，体育科などの教科に限られていたこと。表現力が必ずしも教科に共通する能力としてとらえられてこなかった。このことによって，各教科ではぐくまれる表現力をどのようにトータルなものとするかという視点が欠如していたといえる。
- 授業の終末時に，学習成果などをまとめる力，整理する力としてとらえられてきたこと。結果主義だったといえる。社会科の授業でも，表現力をはぐくむ場が学習の終末に展開される傾向が見られた。

- 1つの作品の完成を想定して，それを構想し制作するために必要な能力としてとらえられてきたこと。作品主義といってもよい。社会科では新聞づくりや紙芝居づくり，地図づくり，図表での整理など，目に見える「ある作品」を仕上げることによって，表現力がはぐくまれると受けとめられてきた。
- 作品や結果の見栄えや出来映えだけで，表現力を評価する傾向が見られたこと。技術主義であった。社会科においても，書き方の上手さに関心がいき，書かれている内容は二の次にされる傾向が見られた。

　生きていくために必要な力としての表現力をはぐくむためには，学習の結果だけでなく過程においても育て方を工夫すること，具体的な作品づくりだけでなく，討論やノートへの記述内容などの言語活動や一人一人の表情などを重視すること，そして出来映えだけにとらわれず，その子どもらしい思いや発想，個性を重視することが大切です。

③　表現力を育てる具体的な活動

　表現力はきわめて大きな概念です。表現力をはぐくむ手だてを考えるためには，その内容をもう少し砕いて考える必要があります。そして，それらを意図的に指導します。表現力を身につけている姿とは，例えば次のようなことができるようになることだと考えます。

- 自分の考えをもって，話し合いや討論に参加できる。
- 自分の考えをある程度の文量でノートなどに論述できる。
- 自分の考えをさまざまな方法でまとめることができる。
- 自分の考えを筋道立てて，わかりやすく説明できる。
- 他人の考えを聞いて，自分の考えを深めたり修正したりできる。
- 目的に応じて，さまざまな方法やスキルを活用して表現できる。

さらに、表現力の内実を広義にとらえると、次のような表現活動も含めることができます。

- 自分の考えや思いを表情に表すことができる。
- 喜怒哀楽（喜び、怒り、悲しみ、楽しみ）を出すことができる。
- 友だちの考えや教師の指導に対してうなずくことができる。
- 事象や場面に出会ったとき、つぶやくことができる。

これらの事柄を一つ一つ身につけることによって、結果として、総合的な能力である表現力がはぐくまれていきます。

④ 豊かな表現力を育てるポイント

表現力とは自己を豊かに表現する能力です。それは自己内対話をするために必要であると同時に、社会や集団の中で他者と良好なコミュニケーションを図るうえで必要となるものです。自己内対話とは、対象と自分自身との関わりや自己の中での変容や成長を意識し、自己を確立させることです。

豊かな表現力を育てるためには、次のようなことを心がけながら日々の学習指導を進めるとよいでしょう。

【子どもへの指導】
- 表現する中身をしっかりもたせる。（内容）
- 表現する意味や必要性を自覚させる。（目的）
- 自己も含めて、表現する対象や相手を意識させる。（対象）
- 相手に応じて表現の仕方を工夫させる。（方法）
- 表現するときの多様な方法や技能を身につけさせる。（スキル）
- 学習の過程において表現する機会や場を多様に設ける。（場面）
- 違いを認め合い「聞き上手」になるよう指導する。（聞く力）
- 表現したことに対して自己評価ができるようにする。（成就感）

【教師のあり方】
・支持的な学級風土をつくり，言語環境を整える。（学級経営）
・子どもの表情から心に起こった小さなさざ波を感じ取る。（洞察性）

　そして，何より重要なことは，子ども同士や教師との間で何でも言い合える人間関係をつくることです。学び合い，認め合い，支え合う人間関係の中で，自己を豊かに表現する能力が養われていきます。

⑤　多様な表現活動を組み入れる

　表現力はそのものが直接はぐくまれるのではなく，活動をとおして能力としてはぐくまれていきます。活動の主体は表現活動です。これまで，社会科の授業では，さまざまな表現活動が展開されてきました。それらの活動を整理すると，次のように類型化することができます。

・発表や説明，報告，話し合い活動，討論などの「話す活動」
・ノートやワークシートの記述，小論文の作成などの「書く活動」
・新聞づくりや関連図，構造図，図表などビジュアルな「構成活動」
・寸劇やごっこ活動，模擬体験や疑似体験などの「身体表現」
・土器づくりや立体地図の製作などの「ものづくり」
・パソコンやデジタルカメラなど情報機器を活用した「表現活動」

　社会科の授業は，これらの表現活動を効果的に組み合わせて展開されています。ここでは，言語に関する能力を育てる観点から，特に話す活動や書く活動といった言語による表現活動が強く求められています。
　いうまでもなく，上記に示した表現活動を展開することが学習の目的ではありません。主たるねらいは社会科で求められていることを身につけることにあります。このことを押さえないままに表現活動が重視されると，社会科が授業として成立しないことにもなります。

表現活動は，あくまでも目標を実現させるための方法の1つです。表現力が表現活動をとおしてはぐくまれるとは，活動は手段であり方法であるということです。何のために取り入れるのか。活動をとおして何を身につけさせるのかなど，社会科としての固有な目的や目標，内容をしっかり確認しておくことが重要です。

　また，ここでの表現活動のポイントは，社会科らしい内容を表現させることにあります。それぞれの表現方法（手段）の特色やよさを生かし，社会科としての内容が表現されてはじめて，社会科の表現活動として認められます。内容とは社会や社会的事象についての事実でも解釈でも，自分の考えでもよいでしょう。重要なことはそれらが社会科らしい内容であることです。

⑥　表現力の評価のポイント

　何を表現させるかという問題は，表現力をいかに評価するかということともリンクしています。社会科においては，「どのようなことを」，「どのように」表現されているかという2つの側面から把握し，子どもが表現したことを内容と方法の側面から一体的に評価します。表現方法だけに目がいくと，終わりがよければよいといった結果主義，ものを仕上げることに固執した作品主義，見栄えが優先される技術主義に陥ることになります。

　「思考力・判断力・表現力」というフレーズから，どうしても思考力や判断力と結びつけて表現力をとらえ，評価する傾向があります。これは思考したり判断したりしたことをどのように表現しているかということです。これは「思考・判断→表現」という図式で表される，やや狭い視点でのとらえ方です。このこと自体重要なことですが，本来子どもが発言したりノートなどに書いたりする内容は，思考・判断したことだけではありません。

　習得した知識や知識として理解したことも表現します。このことによって，教師は「知識・理解」の側面を評価することができます。調べたことを表現した内容から「技能」面も評価できます。また，子どもは自ら興味や関心をもったことや今後の決意なども表現します。「関心や意欲」の側面や，とき

には「態度」に関わることもとらえることができます。子どもが表現したことから，教師は子どもの学びのあらゆる側面を評価することができます。子どもが表現した内容はそれだけ価値のあるものです。

　表現力をどのようにとらえるかという問題は，表現力をどのように評価するということとも深く関連しています。

(4) 思考力と判断力と表現力の関係性

① 三者は同格ではない

　「思考力・判断力・表現力」を1つのフレーズでいわれると，どうしても三者を個別的，並列的なものとしてとらえがちです。ここでは，思考力と判断力と表現力の関係性について検討します。

　新学習指導要領では，各教科において子どもに育てるべき「資質・能力」が重視されています。資質・能力の基本となる要素は「知識や技能」と「思考力・判断力・表現力」，それに「学びに立ち向かう力や人間性」です。「3つの柱」の1つに「思考力・判断力・表現力」が位置づけられ，これからも重視されることに変わりはありません。

　「論点整理」や「答申」などによると，「思考力・判断力・表現力」とは，「知識を適切に組み合わせて，それらを活用しながら問題を解決したり，考えを形成したり，新たな価値を創造していくために必要となる思考」，「必要な情報を選択し，解決の方向性や方法を比較・選択し，結論を決定していくために必要な判断や意思決定」，「伝える相手や状況に応じた表現」などと示されています。アンダーラインは筆者によるものです。いずれも知っていることやできることをどう使うかという，問題解決に当たって必要となる「活用」に焦点を当てて述べられています。ここには思考力と判断力と表現力の関係については説明されていません。

　思考力と判断力と表現力は並列に存在しているものではありません。また，それらは同格でもないというのが筆者のとらえ方です。

② 「思考力や判断力」と「表現力」

　まず,「思考力や判断力」と「表現力」との関係性について検討します。平たくいえば,考えるという行為と表現するという行為はどのような関係にあるかということです。両者は個々に独立しているものではなく,相互に関連しています。それは思考力や判断力を発揮して思考,判断したことを表現する,また,表現することによって思考を深め,再び判断するという,往復運動が展開されます。活動のレベルでいえば,「思考,判断→表現」と「表現→思考,判断」という関係が成立します。

　前述したように,表現力をはぐくむための表現活動や表現内容は,思考・判断したことだけが対象ではありません。知識や技能,関心や態度に関わる内容も含まれます。表現する内容は,あらゆる学習の内容や成果が対象になります。表現することによって知識や技能が確認されたりさらに習得されたりします。自らの興味・関心のよりどころが明確になることもあります。

　また,表現する行為とは表情やふるまい,行動や態度などを含む,全人的な営みです。このことから,表現していることは人として生きている姿そのものだともいえます。表現することは生きている証しです。表現力は「生きる力」の最も重要な要素であると考えられます。

　このように検討してくると,表現力は思考力や判断力と同格でも,並列した能力でもありません。思考力や判断力,理解力,さらには意欲や人間性などを含めた,さらに大きな概念であるととらえることができます。

③ 「思考力」と「判断力」の関係

　次に,「思考力」と「判断力」との関係です。結論からいえば,両者は同格でも,並列でもないというのが筆者のとらえ方です。思考力と判断力の両者を比べると,判断力のほうが相対的に高度な力であると考えます。

　これまでの社会科の授業研究などで,「社会的判断力をどう育てるか」といったことが課題になったことがあります。また,公民的資質の基礎とは何かについての説明では,その1つは「公正に判断すること」であると示され

てきました。判断の公正さが求められるのは、そもそも社会には利害や価値が多様化し、ときには対立している現状があることを前提にしているからです。社会科において、他の教科等ではほとんど対象にしてこなかった「判断する」という活動を重視してきたのは、判断力が社会生活を送るうえで必要となる大切な能力であるからです。

　先に判断力を構成する要素として、観察力（事実認識力）と思考力（背景や原因の把握力）と意思決定力（判断力の中核）の3つをあげました。意思決定や価値判断するためには、確かな事実認識とそれにもとづく社会認識が基盤になります。ここには、判断力は思考力を包含する概念であるという筆者の認識があります。

　次の図は、以上のことを踏まえて、思考力と判断力と表現力の三者の関係性をほかの要素も位置づけて整理したイメージです。

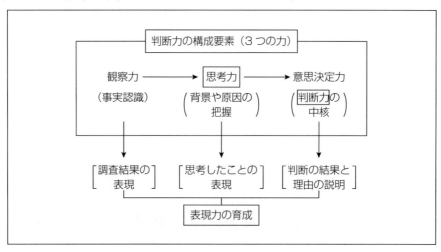

図6　思考力と判断力と表現力の関係性

第2章

「思考力・判断力・表現力」を育てる授業づくり

―授業改善の4つの視点―

　思考力，判断力，表現力を育てるためには，教師による一方的な知識伝達型の授業観を根本的に改める必要があります。また，授業に対する教師の姿勢や構え（教師観），子どもに対する見方（子ども観）もいま一度見直す必要があります。伝統的な授業観や教師観，子ども観では思考力・判断力・表現力といった能力を育てることは難しいからです。

　本章では，まず，近年提唱されているアクティブ・ラーニングといわれている指導方法の重要性について，その理念と実践，実施上の課題を検討します。ここでは，アクティブ・ラーニングを推進することが目的ではなく，学力をつけ，社会科の役割を果たすための手段・方法であることを確認します。次に，社会科で長年実践されてきた問題解決的な学習に関連して，思考力・判断力・表現力を育てる観点から授業改善のポイントを考察します。新学習指導要領では各教科にわたって「見方・考え方」が重視されていることを踏まえて，「見方・考え方」とは何か。具体的にどのような内容なのかについて論述します。ここでは，思考力・判断力・表現力を育成することを目指して，社会科という教科を超えて考えます。子どもたちに思考力・判断力・表現力を育てる授業づくりを考えるとき，どうしても避けることができないことは，「何を」もとに考えさせるのか。「何を」表現させるのか。その結果，「何を」学ばせるのかということです。最後に，「何を」押さえて指導することの大切さについて内容と方法の面から考えます。

1 主体的・対話的で深い学びによる授業の充実

(1) なぜ，主体的・対話的で深い学びなのか

① アクティブ・ラーニングによる授業の改善

　子ども一人一人を一人前の社会人として成長させ，よりよい社会的活動ができるようにするためには，社会とはどのようなところなのかを理解させるとともに，社会人として求められる資質・能力をはぐくむ必要があります。何ごとにも主体的に取り組もうとする意欲，多様性を尊重し合う態度，他者と協働して取り組むチームワークやコミュニケーションの能力などは社会人として生きていくための基礎・基本です。

　近年，主体的・対話的で深い学び（アクティブ・ラーニング）が話題になっています。主体的な学びとは，自ら課題をもって，自ら考え，できるだけ自力で問題解決していくことです。対話的（協働的）な学びとは，共通の問題意識をもち，友だちと協力し，ともに苦労し楽しみながら学習を展開していくことです。深い学びとは，学習に深まりがあることです。

　主体的・対話的で深い学びといわれるアクティブ・ラーニングは新しい時代に必要とされる資質・能力の育成のための指導・学習方法です。知識・技能を定着させるためにも，子どもたちの学習意欲を高めるうえでも効果的な手だてです。

② 主体的・対話的で深い学びの意義

　主体的・対話的で深い学びの意義の1点目は，授業の質を豊かなものにすることです。子どもたちが基礎的な知識や技能を習得するとき，教師から一方的に伝達されるより，自ら主体的に学びとったほうが，学習効果は一段と高まります。このことに異論を挟む余地はないでしょう。

疑問や課題を自ら発見し，主体的，協働的に探究し，その成果等を表現することによって，知識や技能を習得していきます。と同時に，その過程において思考力・判断力・表現力など問題解決に必要な能力を身につけていきます。ここに2点目の意義があります。

3点目は，主体的・対話的で深い学びをとおして身につけた知識・技能や能力は，実生活や実社会において課題を見いだし，よりよく解決するために生かされることです。アクティブな学びは子どもたちに「生きる力」をはぐくむ観点からも求められている課題です。

このように，主体的・対話的で深い学びを実現する授業のねらいを自らの人生を生き抜く力と社会の形成力を育てるという，個人（私）と社会（公）の観点からとらえることができます。

③ アクティブ・ラーニングと社会の形成者育成

ここでは，アクティブ・ラーニングと社会の形成者として必要な資質を育てることを主要な役割としている社会科との関連について考えます。

現在「地方創生」が話題になっています。教育再生実行会議が平成27年3月にとりまとめた，「『学び続ける』社会，全員参加型社会，地方創生を実現する教育の在り方について（第六次提言）」には，「教育がエンジンとなって『地方創生』を」の小見出しが見られます。学校教育において，地域の課題解決に貢献できる人材を育成することが期待されています。

10年後，20年後の社会を支え創っていくのは，間違いなくいま目の前にしている子どもたちです。このことは，現在進行中の学校運営や教育活動のあり方が，将来の地域社会の形成や地域産業の育成と深く関わっていることを意味しています。持続可能な地域を創生していくためには，一人一人が地域社会の一員としての自覚をもって地域の諸課題に目を向け，それらのよりよい解決に立ち向かう社会人として成長していくことが求められます。

多くの地域では，少子高齢化による人口の減少やコミュニティの再構築など多くの課題をかかえています。産業の再生や商店街の活性化，安全や防災

対策などは喫緊の課題になっています。一方，地域には優れた自然環境が保全され，よき伝統や文化が継承されているなど，その地域ならではのよさや特色も見られます。これらをさらに継承・発展させていくことも求められています。

　子どもたちがこうした地域の課題や特色を正面から受けとめ，よりよい社会の形成に主体的に参画するためには，そのための準備教育が必要になります。地域の担い手を育てるうえで，学校がどのような役割を果たさなければならないのかという本質論に立ち返って，学校教育の役割をいま一度再確認する必要があります。合わせて，学校教育の基調をなす授業そのもののあり方を根本から見直すことが課題になっています。

　このように，主体的・対話的で深い学びのある授業（アクティブ・ラーニング）は単に社会科など各教科の授業改革にとどまらず，よりよい社会の形成に積極的に参画する人間の育成を図る観点から提起されているテーマだと受けとめる必要があります。

④　アクティブ・ラーニングと社会科の役割

　各教科の授業にアクティブ・ラーニングを取り入れるとき，とりわけ社会科授業の充実が求められます。社会科は社会生活についての理解を図り，わが国の国土と歴史に対する理解と愛情を育てることを目指している教科であるからです。国土や地域を理解し，国家・社会の一員としての自覚と誇りをもつようになることによって，よりよい社会の形成に参画できる資質・能力の基礎を養うことができるようになります。また，社会科は問題解決的な学習が象徴するように，歴史的にもアクティブな学習を重視し，「なすことによって学ぶ（Learning by Doing）」ことを授業原理にしてきました。子どもの学習活動を重視してきた社会科においては，これまでの授業観を大きく変えるものではありません。

　教師が知識を一方的に伝達する講義式の授業を克服し，子どもたちが自ら学習活動をつくっていく授業を創造していきたいと考えます。「聞いたこと

は忘れ，見たことは覚える。さらに行ったことは理解する」といわれます。子どもが能動的に学ぶ授業こそ，求められている授業本来の姿です。また，対話的，協働的に学ぶ体験をとおして，思いやる心や協調性や社会性など社会人として求められる資質を身につけていきます。

社会科においては，地域に見られる課題を取り上げ，その解決に向けて探究させ思考・判断させること，学習の過程や結果において成果を表現し，住民に発信したり住民と交流したりすることが重要になります。アクティブ・ラーニングの趣旨を踏まえた課題や教材の取り上げ方，子どもの問題意識を重視した学習活動の構成，地域の教育資源の活用方法について再検討したいものです。

(2) 社会科で重視したいアクティブ・ラーニング

① アクティブ・ラーニングの重点事項

文部科学省の資料（文部科学大臣が平成26年11月に中央教育審議会に「初等中等教育における教育課程の基準等の在り方について」の審議を要請した諮問の理由）によると，アクティブ・ラーニングに関連して，言語活動や探究的な学習活動，体験的な活動，ＩＣＴの活用などが示されています。

社会科においては，学習過程，学習活動，学習形態の側面から次の事項を重点的に取り入れ，授業を充実させます。

・自ら問題意識をもって取り組む問題解決的な学習を重視する。
・特に話す，書くなどの言語による表現活動を充実させる。
・学級全体や小集団で協働的に学び合う場面を組み入れる。
・学習をとおして，思考の変容や理解の深まりを自覚する振り返りの場面を重視する。

子どもの言語活動を充実させることが課題になっています。その背景には，子どもたちに言語に関する能力や態度が十分に育っていないという実態が指

摘されているからです。例えば，東京都の「言葉の力」再生プロジェクトがとりまとめた活動報告書『東京から「言葉の力」を再生する』には，新入社員や学生に見られる次のような傾向が紹介されています。

> ・意見（感想）と事実を区別できない。
> ・説明者の意図を正確に理解できない。
> ・具体的な根拠を示して自分の意見を説明できない。
> ・申し送りや伝達が正しく伝わらない。
> ・グループで議論しても一方的に意見を言い合うだけで解決策が見つからない。

　こうした実態が指摘されるのは，これまでの学校教育において，知識や技能を一方的に伝達する講義式の授業が多かった結果でしょう。これまでの授業の「結果」として受けとめる必要があります。
　また，子どもの言語活動や言語能力に関して，自分の考えをもち，それを表現する力が十分身についていない。一方的に意見が言えても，話し合い活動として成立しない。友だちと協力し合いながら学習に取り組むことができないなどさまざまな課題が指摘されています。
　授業は，子どもたちと教師の言語による「共同作品」です。両者の言語活動が充実している授業は優れています。また，多様な友だちとともに協働しながら学ぶところに学校ならではの特色やよさがあります。家庭や塾での学習ではこうした経験ができません。学習集団をどのように構成するか。それをどのように運営するかということは，アクティブ・ラーニングの質を大きく左右する問題です。
　「主体的な学び」や「対話的（協働的）な学び」をとおして，「深まりのある学び」をつくることが求められています。新学習指導要領はこれら３つの「学び」がアクティブ・ラーニングの視点だとしています。

② 社会科におけるアクティブな学習活動

　社会科の授業においては，これまでも問題解決的な学習を中心に，さまざまな学習活動が取り入れられてきました。それらの中でも特にアクティブなもの（能動的な活動）として，次のような活動があります。

・問題や課題を解決する探究的（問題解決的）な活動
・地域や社会的事象を観察・見学・調査などを行う活動
・さまざまな資料を収集・活用して調べ学習に取り組む活動
・あるテーマにもとづいて論じ合う討論や話し合い活動
・人やものなど対象に直接関わり，触れ合う体験的な活動
・製作やものづくりなどの作業的な活動
・地域の人たちや他校の友だちなどと交流する活動
・グループでの話し合いや作業など協働的な活動
・ＩＣＴを活用して情報を収集・整理・発信などを行う活動
・新聞やパンフレット，年表や地図などの作品をつくる活動
・調べたことやまとめたことを報告・説明・発表する活動

　このように見てくると，社会科におけるアクティブ・ラーニングの問題は決して目新しいことではないことに気づきます。「アクティブ・ラーニング」とカタカナ語で表記されると，また新しいことが始まるのかと，新鮮さとともに負担感を感じますが，社会科においてはまったく新しいことに取り組まなければならないということではありません。

(3) アクティブ・ラーニングの実施上の課題

① アクティブ・ラーニングのねらいを押さえる

　アクティブ・ラーニングを重視するねらいは，社会科の目標や内容をより効果的に実現させるとともに，思考力・判断力・表現力など問題を解決するために必要な能力を育成するためです。教師は「何のためなのか」という目

的を常に意識して指導しないと，子どもにアクティブな活動は促しても，アクティブなラーニング（学習）として成立しないおそれがあります。

先に紹介した「諮問」には，「一人一人の可能性をより一層伸ばし，新しい時代を生きる上で必要な資質・能力を確実に育んでいく」ためには，次のような取り組みを重視する必要があるとしています。

・知識の伝達だけに偏らず，学ぶことと社会とのつながりをより意識した教育を行うこと。
・基礎的な知識・技能を習得し，それらを実社会や実生活の中で活用すること。
・「何を教えるか」という知識の質や量とともに「どのように学ぶか」という，学びの質や高まりを重視すること。
・課題の発見と解決に向けて主体的・協働的に学ぶ学習（アクティブ・ラーニング）や，その指導方法を充実させること。
・学びの成果として「どのような力が身についたのか」を評価すること。

また，アクティブ・ラーニングは，「自立した人間として多様な他者と協働しながら創造的に生きていくために必要な資質・能力」を育成することとの関連で提起されています。アクティブ・ラーニングは単なる指導方法にとどまらず，将来の時代を担う子どもたちを育てることと深く関わっていることに留意する必要があります。

② 社会科の授業として成立させる

授業として成立するとは，アクティブな活動をとおして「何のためなのか」という目的や目標が実現されることです。今後特に必要になる資質・能力として，主体的に取り組もうとする意欲や多様性を尊重する態度，他者と協働するためのリーダーシップやチームワーク，コミュニケーションの能力，豊かな感性や優しさ，思いやりなどの豊かな人間性などがあげられています。

これらの資質・能力は各教科等において共通的に求められており，汎用的な意味合いをもっています。社会科授業においてもこのことを踏まえる必要があります。

　社会科の授業として成立させるためには，前ページに紹介した資質・能力だけでは十分でありません。社会科固有の目標や内容をしっかり身につけさせることが大切です。社会科の役割の1つに「社会とはどのようなところなのか」を理解・認識させることがあります。社会科は「内容教科」といわれてきたように，「何を」教えるのかをしっかり押さえる必要があります。問題解決的な学習をとおしていかなる知識を習得・獲得させるのかを明確にした授業を展開しなければなりません。学習活動がアクティブで目に見えるだけに，活動のみに目が向きがちですが，活動そのものを目的化しないようにしたいものです。

　子どもが主体的・対話的（協働的）に学ぶとは，知識伝達型の授業から脱却し，子ども一人一人が社会的事象に主体的に関わり，社会認識を深めることにほかなりません。そのうえで，社会とのよりよい関わり方や付き合い方を身につけることが求められます。これが社会参画力の基礎を養うことです。

　指導方法を工夫改善するとき，何のためかという「目標」と，そこで何を指導するのかという「内容」をしっかり押さえておかないと，社会科の教科としての役割が十分果たせなくなります。

③　子どもが頭や心に汗をかく

　子どもたちがアクティブに学ぶ授業を展開することは，子ども任せの授業を行うことではありません。ここでは教師の役割が一層重要になります。

　「アクティブ・ラーニングを！」と問題提起されると，つい「アクティブ」に関心が集まります。子どもが主体的に取り組んでいればよいといった安易な受けとめも一部に見受けられます。子どもの学習活動をアクティブにすることは必要ですが，それだけでは不十分です。学習（ラーニング）として成立していなければ授業とはいえないからです。ここで求められているのは授

業をアクティブにすることだけでなく，主体的・協働的に学び，深まりのある学習をつくることです。

　授業として成立させるためには，子どもの学習活動の姿という外見をアクティブにするだけでなく，子ども一人一人の頭や心の中がアクティブになっていなければなりません。これは子どもたちが頭や心に汗をかきながら，深まりのある学習に取り組むことです。そのためには，どのように問題意識をもたせるか。いかに問題解決の見通しをもたせるか。友だちと学ぶことの意義やよさをいかに感じさせるか。学習をいかにふり返り，思考と理解の成果をいかに自覚させるかがポイントになります。

　子どもたちが動き回っていることがアクティブ・ラーニングではありません。時間のたつのも忘れて，話し合い活動や調べる活動に没頭している子どもたちの姿，知的な好奇心と探究心をかき立て，わくわくどきどきしながら社会科の学習に取り組んでいる子どもたちの姿を期待したいものです。

　問題解決的な学習に取り組むことによって，子どもたちはアクティブに学ぶラーナー（学習者）として育っていきます。そのためには，教師の子どもたちへの関わりの象徴である，発問や指示など子どもへの言葉かけの内容やタイミングが一層重要になります。教師の「発問と指示」については，次章で思考力・判断力・表現力の育成との関連で詳しく検討します。

2 問題解決的な学習の過程に位置づける

(1) アクティブな学びとしての問題解決的な学習

① 問題解決的な学習で思考力・判断力・表現力を育てる

　戦後の児童中心主義の教育の影響もあり，社会科は他の教科と比べて，アクティブな学習活動が展開されてきた教科です。社会科においては，従来からアクティブ・ラーニングが実践されてきたといえます。その授業の構成原理は「問題解決的な学習」でした。

　社会科において，子どもたちが主体的，対話的（協働的）に学び，深い学びを実現する学習であるアクティブ・ラーニングを展開するとき，問題解決の過程にアクティブな活動を多様に組み入れることによって，全体としてアクティブなラーニングが成立します。単元や小単元を対象にダイナミックな問題解決的な学習を展開することにより，社会認識につながるさまざまな知識が構造的に理解・認識できるようになるだけでなく，主体的に学ぶ態度など期待されているさまざまな資質が養われ，思考力・判断力・表現力などの能力がはぐくまれます。

　近年「課題解決的な学習」ともいわれていますが，ここでは小学校社会科の歴史を尊重して「問題解決的な学習」と表記します。

② アクティブな学びとしての問題解決的な学習

　「問題解決的な学習」は，教師が知識を一方的に伝達したり教え込んだりする，子どもが受動的に学ぶ授業ではありません。子どもたちが問題意識をもって自ら知識を習得・獲得していく能動的な授業です。問題解決的な学習は，子どもが主体的に学ぶ，アクティブ・ラーニングを重視しています。

　教師がいかに熱心に話し説いたところで，多くの知識は時間がたつと剥落

第2章　「思考力・判断力・表現力」を育てる授業づくり

していきます。ペーパーテストが終わると，徐々に忘れ去られていきます。これは知識の剥落現象です。ところが，工場や農家，スーパーマーケットなどを見学したことや地域を観察したことなど，実際に見たことはいつまでも忘れません。「百聞は一見にしかず」といわれるとおりです。

新聞や立体地図などを作ったことやグループで作業したことなど，実際にやってみたことの印象や記憶はさらに強烈に残っています。体験や実践や行動は学びにとってきわめて有効です。「なすことによって学ぶ」という原則があります。問題解決は「なすこと」であり，問題解決的な学習は問題意識をもって取り組む学びです。

(2) 問題解決的な学習の基本的なプロセス

① 一般化しつつある学習スタイル

社会科は戦後誕生した教科です。国語科や算数科と比べると，歴史は比較的浅い教科です。社会科は誕生した当時から「問題解決学習」を重視してきたこともあり，これまで70年の歴史の中で，問題解決的な学習がかなり一般化し定着してきました。学習指導要領の「総則」に「問題解決的な学習を重視する」と示されてきたこともあり，多くの教師の関心事になってきました。

問題解決的な学習を掲げている実践を見ると，地域や実践者によって，その実際はさまざまですが，授業の進め方に概ね次のような共通性が見られるようになってきました。その主要なポイントは次の２つに集約できます。

・1つの小単元を対象に問題解決的な学習を構想していること。
・小単元を見通した学習問題を設定し，調べ，結果をまとめるという学習活動を基本に展開していること。

第1は授業構想のサイズの問題です。小単元を見通した授業づくりとは，まず小単元全体を問題解決的に計画し，次にそれを踏まえて，各単位時間の指導を計画するという手順をいいます。これは小単元全体を概観してから各

単位時間を計画するものです。これによって，小単元という大きなサイズで問題解決的な指導計画を作成する能力が問われるようになりました。

　第2は小単元を見通した学習過程です。これまでの授業では1単位時間に焦点を当て，1単位時間の導入場面で「学習のめあて」を設定し，その時間に調べ，解決する授業スタイルが多く散見されました。各単位時間の学習成果を積み上げながら，小単元を構成していく授業づくりでした。それに対して，近年小単元を見通して，例えば「学習問題をつかむ（問題把握）」「調べる（問題追究）」「まとめる（結果の整理・考察）」「いかす（学習成果の活用）」といったネーミングを位置づけた問題解決的な学習過程を構想する授業づくりが定着してきました。

②　「つかむ・調べる・まとめる・いかす」

　問題解決的な学習の各場面（過程とも段階ともいわれます）の呼び名は，地域や研究会などによってさまざまな工夫が見られるものの，一般的，基本的には，各場面が「学習問題をつかむ」「調べる」「まとめる」といったキーワードでいわれています。最近では，まとめた後に「いかす」場面や活動を位置づけている指導計画も見られます。

　下記は，問題解決的な学習の基本的な流れを示したものです。【　】内の数字はおよその扱い時数を表しています。

```
Ⅰ　学習問題をつかむ（問題把握）　　【1～2時間】
　① 学習問題を設定する
　② 学習問題について予想する
　③ 学習計画を立てる
Ⅱ　調べる（問題追究）　　　　　　　【2～10時間】
Ⅲ　まとめる（結果の整理・考察）　　【1～2時間】
Ⅳ　いかす（学習成果の活用）　　　　【1時間程度】
```

「学習問題をつかむ」場面には，「学習問題を設定する」「学習問題について予想する」「学習計画を立てる」といった，具体的な学習活動が位置づいています。
　なお，「学習問題をつかむ」場面の具体的な指導のあり方については，拙著『だれでもできる社会科学習問題づくりのマネジメント』（文溪堂）に，また「学習問題を調べる」場面や「学習成果をいかす」場面など，問題解決の各場面における具体的な進め方や課題については，拙著『"知識の構造図"を生かす問題解決的な授業づくり』（明治図書出版）に，それぞれ詳しく紹介されています。合わせて参考にしてください。

(3) 問題解決的な学習で育てる資質・能力

① 問題解決的な学習で何が育つか

　社会科において，問題解決的な学習をとおしてどのような資質・能力が培われるのでしょうか。その資質・能力には次の４つの要素があります。
　その１つは，「問題解決能力」が身につくことです。問題解決能力とは，習得した知識や技能を活用して問題（課題）を解決するために必要な思考力・判断力・表現力などの能力だと言い換えることができます。
　ここでいう問題解決能力は，社会科の授業で発揮されるだけでなく，現実の社会生活の場面においても必要とされます。私たちの人生は毎日大小さまざまな問題場面に遭遇し，それらを主体的に解決していくことが求められます。私たちの人生は問題解決の連続だからです。問題解決的な学習の成果の１つは，問題解決能力という「一生もの」を身につけることができることです。
　その２つは，「学習意欲」が高まり，「主体的な学習態度」が養われることです。問題解決的な学習は子どもたちにとってアクティブな学習です。知識や技能が伝達される受動的な学習ではありません。能動的な学習体験をとおして，学習に対してやる気や意欲や主体性が養われます。
　学校教育には生涯学習の基礎を培うことが求められています。主体的に学

習に取り組む意欲や態度は生涯にわたって学び続けるために必要となる資質であり，これも「一生もの」になります。

その3つは，「ものの見方・考え方」が養われることです。ものの見方・考え方とは，人や事象など対象の事実を見たり，その背景や意味などを考えたりするときの手だてであり視点です。例えば，時間軸や空間軸，概観と事例，定性と定量，固有性と共通性，微視的と巨視的，絶対性と相対性，比較と関連などの視点でとらえることによって，その対象の本質が見えるようになり，深く考えることができるようになります。こうした視点を発揮させることによって，事象をより正確にとらえることができます。

社会科においては，社会や社会的事象を見たり考えたりするときの「視点や方法」になります。こうした手だてや視点は，問題解決的な学習をとおして学びとることができます。問題解決的な学習の効用であるといえます。

ものの見方・考え方を習得し活用することにより，思考したり判断したり，さらに理解したりする行為がより確かなものとなります。ものの見方・考え方はその人の生き方とも関連してきます。生きる知恵や術(すべ)として発揮されるからです。確かな見方・考え方を身につけることが人生を心豊かに生きていくことにつながります。「見方・考え方」については次節で論じます。

そして，4つは，社会科の授業で身につく固有なもの，社会科ならではのものに関わることです。それは，社会に対する理解・認識（社会認識）を深めることができることです。平たくいえば「社会がわかる」ようになることです。一方的に話を聞いて学ぶことと比べれば，自ら知識を習得・獲得する学習のほうが，社会に対する理解・認識が一層深まります。

このように，問題解決的な学習をとおして，子どもたちに多様な資質・能力を培うことができます。

② 学習過程に即した具体的能力

「学習問題をつかむ・調べる・まとめる・いかす」といった問題解決的な学習の一般的な学習過程を紹介しました。次ページの表は，それぞれの問題

解決の各展開過程でどのような能力が育つのか,あるいは発揮されるのかを整理したものです。
　これを見ると,各過程にはさまざまな具体的能力が位置づいていることがわかります。これらの具体的能力はすべて「問題解決能力」に集約されます。

表1　問題解決的な学習の各過程に即した具体的能力

学習の展開過程	思考力・判断力の具体的能力	表現力
Ⅰ　学習問題をつかむ 　①　学習問題を設定する 　②　予想する 　③　学習計画を立てる	・問題や課題を発見する力 ・思考力や判断力,洞察力 ・企画力や構想力(計画の作成力) ・先見力(先を見通す力)	表現力
Ⅱ　学習問題を調べる	・観察,見学,調査などの技能 ・収集,選択,分析,加工,整理,考察などの資料(情報)活用力 ・ICTの活用力など	
Ⅲ　まとめる	・情報を整理,統合する力 ・全体を構成する力 ・論理的な思考力や判断力,考察力 ・自己評価力(学習を振り返る力)	
Ⅳ　いかす	・生活や社会での活用力 ・学習での転移力・応用力	

(1)　学習過程全体をとおして,主として話す活動や書く活動といった,言語などによる表現活動を位置づけることにより「表現力」が育てられる。
(2)　各場面において,議論,討論する話し合い活動を取り入れることによって,説明力,説得力のほか,異なる考えを受け入れる力や多様な意見を調整する力などを身につけることができる。合わせて,違いを認め合い,支え合い,学び合う態度が養われ,豊かな人間関係が醸成される。

3 ものの「見方・考え方」を身につける

(1) なぜ,「見方・考え方」なのか

① 生き方の指標として

　私たちは毎日の生活の中で,さまざまな状況に遭遇しています。遭遇する状況は,社会や自然の現象だったり,知識や情報だったり,さらに人との出会いだったりします。社会人として仕事をしていくうえで,また1人の人間として生きていくために,それらの状況をどのように受けとめるか,どう理解するかということがその後の行動を大きく左右します。この受けとめ方,理解の仕方を,ここでは「見方・考え方」としました。

　「経営の神様」といわれた松下幸之助氏は『物の見方考え方』(PHP文庫)という名著を残しています。本書は昭和61年が初版ですが,現在63刷にもなっているベストセラーです。本書から,「調和は固定したものではなく,発展しつつあるもの」「人を使うものは苦を使う」「百八十度の視野」「水泳の先生から学理(学問上の原理や理論のこと)を習うたって君は泳がれん」など,含蓄のある言葉をたくさん学ぶことができました。

　私は本書を読みながら,ものを見たり考えたりするときの「視点」をしっかりもつことは,状況を誤りなくとらえ,より正しい判断と方向性を導くうえできわめて重要なこと,必要不可欠なことだと実感しました。見方・考え方によって,対象の把握が変わるからです。

　事象や対象など「もの」をどのように見たり考えたりするのかという問題は,「もの」をとらえることだけにとどまりません。事実をどう認識したかということは,その後の対応や行動を方向づけたり決定づけたりするからです。その意味で,ものの見方・考え方を習得することは,人やもの,事象や情報など,私たちの周囲に存在するあらゆる対象との接し方や関わり方を考

えることです。自らの生き方と深く関わっていることだといえます。

　物事に対して多面的な見方・考え方をすると，視野の広い，バランスのある行動ができるようになります。逆に一面的な見方・考え方に固執すると，先入観をもって接したりします。偏見にもつながります。

　多様な見方・考え方を身につけることは，それだけ多くの「引き出し」をもつことです。仕事をしたり楽しんだりして生きていく際に，「引き出し」の中から必要な見方・考え方を選択し働かせることができるようになります。自らの生き方の指標として活用することによって，周囲のものや事柄をより深く見たり考えたりできるようになり，それだけ豊かな人生を送ることができるようになると考えます。

　ものに対する「見方・考え方」は単なる方法や技術にとどまりません。人としての「生き方」そのものであると結論づけることができます。「見方・考え方」を習得することは，これからも人としてのあり方・生き方を追究し続けるための人間修行そのものだといえます。

② 追究の視点や方法としての「見方・考え方」

　新学習指導要領の改訂を特徴づけるキーワードの１つに「見方・考え方」という用語が目立ちます。これからの各教科等の学習指導において重視されるようです。これまでの社会科の学習指導要領には，「内容の取扱い」に関連して「社会的な見方・考え方」を養うことが配慮事項として示されてきました。社会科のねらいを実現させるために必要なこととされてきました。

　中央教育審議会からの答申（平成28年12月）によると，「見方・考え方」とは，問題解決的な学習における「追究の視点や方法」であるとしています。特に小学校の社会科では，社会的事象の位置や空間的な広がり，時期や時間の経過，社会的事象や人々の相互の関係などに着目すること，比較・分類したり総合したりして，国民生活と関連づけて考察，構想することが重視されています。

　見方・考え方は，思考力・判断力・表現力を育成するために，また習得・

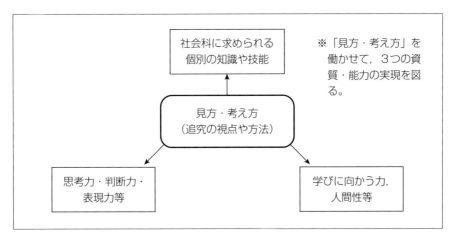

図7 「資質・能力」の「3つの柱」と「見方・考え方」との関係

獲得した知識を構造化するために，さらに主体的に学習に取り組む態度を養うことに作用するものです。前述した「資質・能力」を構成する「3つの柱」の中核に位置づいているものと受けとめることができます。とりわけ思考力・判断力・表現力を身につけるための有力な「武器」になるものです。

子どもたちがさまざまな「見方・考え方」を習得し活用することは，社会や社会的事象に対する理解や認識を深めるために必要であり，このことが社会科を「深まりのある学習」にします。今後，ねらいを踏まえた意図的な指導が求められます。子どもたちに学習の深まりに資する「見方・考え方」を身につけさせるためには，指導者である教師自身が「見方・考え方」を理解，習得し，それらを授業において活用できるようにしていなければなりません。教師が知らずして指導することは不可能です。

では，社会科において「見方・考え方」とは具体的にどのようなことでしょうか。どのような「視点や方法」を意識して指導すれば，社会科授業の学習効果をさらに高めることができるのでしょうか。

社会科の学習場面において「見方・考え方」を発揮する対象は，言うまでもなく「社会」です。具体的には，社会に見られる「さまざまな社会的事象や人々の働き」だといえます。「社会的な見方・考え方」とは，社会や社会

的事象に対する見方・考え方のことです。

社会科で取り上げられる「見方・考え方」には，社会科固有のものと，社会科でも取り上げられる教科共通の汎用的なものの2つがあります。以下2つの観点から「見方・考え方」の中身を具体的に考えていきます。

ここでは，「見方」と「考え方」の違いについては特に論及しないことにします。

(2) 社会科固有の「見方・考え方」

① 空間軸・時間軸・社会システム軸

社会や社会的事象を見たり考えたりするとき，基本的な視点は次の3つがあります。

> ・地理的な視点から見たり考えたりすること。これは空間軸をもつことにつながります。例えば，「どこでのことか」という位置や位置関係などを押さえることです。
> ・歴史的な視点から見たり考えたりすること。これは時間軸をもつことにつながります。例えば，「いつのことか」という時期を押さえることです。
> ・社会システム的な視点から見たり考えたりすること。これは「関係性」という軸をもつことです。例えば，「どのように」関係しているかというつながりや結びつきを押さえることです。

社会や社会的事象を地理的，歴史的，そして社会システム（社会関係）的な視点から見たり考えたりすることによって，社会や社会的事象がより多角的，総合的に理解できるようになります。いきなり全体像を理解させようとすると，子どもたちにとって高度な学習になりがちです。このことは，教師が子どもの学習状況を評価するとき，予め「観点」を設けて評価し，それらの結果をもとに，総括的に評価・評定する手続きを行っていることと同じ趣

旨です。

　社会科は大人の社会を対象に学ぶ教科です。それだけに子どもにとって難しさがあります。そのため，視点（窓口）を設定して，具体的にかつ焦点を当てて追究させることによって，社会を身近に感じ，より深く理解できるようになります。

　こうした社会や社会的事象に対する見方・考え方は，中学校での社会科学習に発展していきます。中学校では，社会科という教科名にはなっていますが，実際には「分野学習」が行われます。地理的分野，歴史的分野，公民的分野といわれ，教科書もそれぞれに編集されています。ここには，社会を総合的に学ぶ学習から分野ごとに学ぶ学習へという発展性が見られます。

　次に，社会科固有の「見方・考え方」を具体的に見ていきます。

② 時間軸と空間軸で

　物事を見たり考えたりするとき，その現象や状況の座標軸を明確にすることが重要です。座標軸とは「位置」を明確にすることです。座標軸の1つは時間軸です。年表などで「いつのことか」を押さえることです。いま1つは空間軸で，「どこでのことか」ということです。前者では年月や日時など年表や暦が登場し，後者では主に地図が使われます。

　かつて生活科が誕生した頃，地域に目を向け，地域のさまざまな素材を教材化する際に，「生活科マップ」と「生活科ごよみ」を作成する取り組みがなされました。これは，空間軸と時間軸で地域の素材を見いだし，地域を理解するための手だてとして取り入れられました。

　私たちが旅行に出かけるときには，地図を持参します。いま自分はどこにいるのか。これからどこに行くのか。この建物はどこにあるのかなど，空間的な位置や位置関係を確認するためです。また，その場所にいつまでに行くのか。そこでどれくらい時間をかけるのか。この建物はいつの時代のものかなど，時間軸でものを考えることも行っています。

　歴史上の事象である，「徳川家康は1603年，江戸に幕府を開いた」という

事実には，「いつ」と「どこに」が含まれています。前者の位置は年表で，後者は地図で特定することができます。

社会科の授業において地図と年表は「学習の必需品」です。地図（帳）をいつも手元に置き，必要なときにいつでも活用して，位置や位置関係などを確認する習慣を身につけさせたいものです。地図が使えないと，いまどこのことを学習しているのかが曖昧になります。空間認識が深まらないだけでなく，社会的事象を他人ごととしてとらえてしまうことにもなります。また，年表で歴史的事象の位置を確認しないまま学習が進行すると，時間的な経緯の中での位置や前後の関係性などの押さえができなくなり，歴史認識も深まりません。

時間軸と空間軸をもって社会や社会的事象を見たり考えたりすることは，社会の現状や社会的事象の意味や働きなどをより深く理解・認識するために重要なことだといえます。

③ 社会システム軸をもつ

「社会システム」とは，社会に見られる社会的事象相互のさまざまな関係性や，社会的事象と国民生活や自分たちとの結びつきなど「社会関係」のことをいいます。「結びつき」「関わり」という視点をもって社会的事象を見たり考えたりすることによって，社会とはどのようなところなのか，社会と自分の生活とはどのように関わり合っているのかが理解できるようになります。他人ごととしてとらえることがなくなります。

社会科は戦後誕生した教科です。発足当時から社会科は「相互依存の関係」を重視してきました。当時の学習指導要領社会科編（試案）には，人と他の人との関係，人間と自然環境との関係，個人と社会制度や施設との関係などと示されていました。

結びつきや関わりといった関係性は具体的に次のように考えることができます。まず，事象の関連性です。「A事象→B事象」という図式で表すことができます。例えば，原因と結果，AからBへの変化などです。歴史の学習

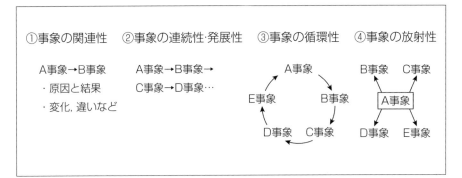

図8　「関係性」による見方・考え方

ではたびたび取り入れられます。

　次は，事象の連続性や発展性です。図式すると「A事象→B事象→C事象→D事象→……」となります。この視点は「毎日飲んでいる飲料水はどこからどのように来ているのだろうか」「わが国の歴史はどのように移り変わってきたのだろうか」などの学習では重視されます。また，事象の循環性という結びつきもあります。例えば，ごみや下水のリサイクルです。回り回って元に戻ってくるというつながりのことです。さまざまな事象が1つのサイクル（輪）をつくる関係性です。循環型社会はその象徴的なものです。

　これらの他に，事象を放射型にとらえる関係性もあります。核になる社会的事象が他のさまざまな具体的な事象と相互に結びついている関係性のことです。平安時代の文化を例にすると，その特色は「日本風の文化」です。このことは，例えば，かな文字の起こり，源氏物語，大和絵などの具体的な歴史的事象を周囲に位置づけて説明することができます。

　上の図8は，以上のことを整理したものです。

④　時系列で整理する

　「時系列」とは，ある現象の時間的な変化を連続的にとらえることです。時間軸に基づいて，1つの現象に関連しているさまざまな要素ごとに，その推移を整理することにより，全体の流れをイメージしたり，現象の本質を把

握したりできるようになります。現象の本質をとらえるには，それがいまどのような状況なのかを理解することが大切です。合わせて，それがこれまでどのように変化してきたかを時間を追うことによって，より確かなものとして把握することができるようになります。その結果によっては，現象に対する見方・考え方が変わり，問題解決の方法にも違いが出てくることがあります。

　私たちは日頃の仕事の中で，時系列で整理するという作業をたびたび行っています。例えば，運動会の開会式の進行を計画するとき，縦軸に時間（分）を書き出し，横軸に校長，指揮者，担任，放送担当，補助の教師，各学年の子どもなどを配置します。どの時点で，誰が何をするのかを書き出していきます。ここでのポイントはそれぞれの役割が相互に関係し合い，スムーズに連携し合っていることです。

　子どもが問題行動を引き起こしたとき，問題を引き起こすまでの経過を時間を追って整理します。このことは事実を客観的に把握するために，また原因を明確にし，その後の対応策を誤りなく考えるために重要な手法です。

　そのためには，事案に対して「いつ（月日，時分）」「誰が」「どのようなことを」行ったのかをできるだけ詳細にかつ正確に記録します。日頃から時系列で記録する習慣を身につけたいものです。

　現象を時系列で整理して見たり考えたりすることは，現象の実態や本質をとらえるだけでなく，対応の仕方を決定するためにも求められています。

　こうした視点は子どもたちにも身につけさせる必要があります。社会科の授業で歴史的な内容を取り上げたとき，調べたことを時間の経緯とともに，どのように変化してきたかをとらえさせるために，「年表」を活用したり作成させたりします。農業単元では農事ごよみも活用されています。

　このことによって，歴史的事象の時間的な位置を確認することができ，歴史的事象相互の関係性を見たり考えたりすることができるようになります。年表から見いだすことができる歴史的事象の位置や今昔の違い，変化・変遷などは歴史に対する重要な見方・考え方です。

⑤ 「これまで」と「これから」

　将来に備えることは、あらゆることに対して大切なことです。十分な備えや準備をするためには、これからどのような事態になるのかを見通したり予測したりする必要があります。これからのことを考えるとき参考にしたいことは、そのことに関してこれまでどうだったかということです。

　例えば、その土地で過去に発生した自然災害は、将来再び起こりうる可能性があります。過去を知ることによって、これからに備えるヒントが見えてきます。ここ数十年の人口が減少傾向にあるとき、これからも人口は減少していく可能性があります。「これまで」を把握することによって、「これから」を予測することができるようになります。

　過去に学び、将来を考えることは、将来に備えるための重要な見方・考え方です。子どもたちを持続可能な社会の担い手として成長させていくために必要なことです。歴史に名を残している時代のリーダーが多数います。例えば、織田信長や豊臣秀吉、坂本竜馬、西郷隆盛などは多くの人たちから親しまれています。優れた先人はさまざまな問題を解決してきました。先人の業績から時代を越えて求められる問題解決の原則や知恵を学ぶことができます。

　「温故知新」（古きをたずねて新しきを知る）という言葉があります。昔のことをよく学ぶことにより、新しい考え方や知識などを得ることができることをいいます。私たちが見方・考え方を定めるとき、過去から学ぶことの大切さを指摘しているのでしょう。

　これからのことをよりよく考え、見定めるためには、いまの実態をよく見ることも大切ですが、過去にも目を向け、何があったのか。過去にはどのように解決されたのかを知ることも重要です。「これまで」を振り返り、「これから」を見たり考えたりするという時間軸をもつことは問題解決のヒントを得ることにつながります。身につけたい見方・考え方の1つです。

　社会科の授業では、単に現状を理解させることにとどまらず、社会や社会的事象から課題を見いだし、できるだけ現実的な課題解決の方策を考えさせることは、社会のあり方や自己の生き方を考えさせることにもなります。例

えば，地域社会の安全や環境保全，わが国の食料生産や工業生産，情報化した社会についての学習では，これからの社会に視点を当て，未来を志向した教材開発と授業改善が求められます。

(3) 汎用的な「見方・考え方」

次に，汎用的な「見方・考え方」について考えます。「汎用」とは『広辞苑』（第5版）によると，「1つのものを広く諸種の方面に用いること」と説明されています。このことから，汎用的な「見方・考え方」とは社会科だけでなく，さまざまな教科や場面で共通的に活用することができる「見方・考え方」であると解釈できます。

ここでは，対象を見たり考えたりするときに取り入れたい目のつけどころやその際の方法や手続きについて検討します。

まず，目のつけどころ（視点）についてです。

① 不易と流行

各学校での教育活動は，社会のさまざまな影響を受けながら実施されています。社会の変化に伴って，学校に要請される課題も変わってきます。「学校は時代に乗り遅れている」と指摘されることもあり，社会の変化への対応力が問われます。例えば，環境や多文化に配慮した生き方を教えることや，ＩＣＴを効果的に活用できるようにすること，持続可能な社会の担い手を育てることなどは新しい教育課題だといえます。

私たちは事象を見たり事象に関心を寄せたりするとき，どうしても動いているもの，目新しいもの，社会の注目を浴びているものに目が向きがちです。これらはいずれも「流行」です。従来と変わらないもの，伝統的なもの，目立たない地味なものなどには関心をもつことが少ないようです。こうした傾向は子どもたちにも見られます。

学習指導要領はほぼ10年ごとに改訂されてきました。改訂後に社会が変化し，新しい課題が顕在化するからです。ところが，学習指導要領が繰り返し

改訂されてきたにもかかわらず、各教科等には変わらない部分があります。「不易」の部分にこそ、教育の本質があるといえるのかもしれません。

「流行」のみに目が奪われ、時計の振り子のように右へ左へと振り回されることがあります。「不易にこそ事の本質がある」という見方・考え方をもつことによって、本質を明確にしたぶれない価値観に立ち、腰を据えた取り組みを維持することができます。変えなければならないことは何か。変えてはならないことは何か。常に２つの視点から事に当たることが求められます。

「不易と流行」は、社会科の授業づくりにおいても重視したい視点です。農家の人たちの仕事を見ると、生産している農産物や生産の仕方はさまざまです。それらは時代とともに変わってきました。しかし、根底にある農家や消費者の願いは基本的に変わりません。誰でもいつの世も、美味しくて安全な食べ物を作りたいと願っています。また、農業生産は自然環境と深いかかわりをもって営まれていることも不易です。

わが国の歴史においても、時代によってその様子は大きく違っています。常に変化してきました。「流行」の連続といってよいでしょう。しかし、いつの時代においても、人々はよりよい社会をつくろうと、さまざまな問題や課題を解決するために努力してきました。歴史は問題解決の連続だといえます。歴史学習において歴史を貫いている「不易」の軸は、歴史に対する見方・考え方として大切にしたい視点です。

② 木を見て、森を見ず

ある物体や対象などを見るとき、関心があることなどどうしても対象の一部分に目が向き、ともすると全体をとらえることが疎かになりがちです。そのため、対象などを一面的にとらえたり、表面だけで判断したりして、「これはこうだ」と決めつけてしまうこともあります。このことがときには偏見に結びついたり、誤った思い込みになったりします。

例えば子どもの学習状況を把握するとき、ただ漫然と観察し判断するのではなく、まず予め定められた観点にもとづいて評価します。いわゆる観点別

評価です。これによって各観点から見た学習状況を把握することができます。しかし，これだけでは不十分です。

　教科の学力がどの程度，あるいはどのように身についているのかを総合的にとらえる必要があります。さらには1人の人間としてどう成長しているのかを見定めることも大切です。いわば，丸ごと評価することです。

　ここでは，観点別評価が「木」を見ること，丸ごと（総合的に）評価することが「森」をとらえることに当たります。

　ある物体や人など対象をとらえるとき，その見方・考え方として，全体の姿をとらえる視点と，部分の姿をとらえる視点の両者が必要です。距離をおいて客観的に見たり，部分が全体の中でどのような位置にあるのかを考えたりします。このことによって物事を正しく理解し，その本質をとらえることができます。その後の行動を誤りなく進めることができるようになります。

　「木を見て，森を見ず」にならないよう，森（全体）と木（部分）の関係性を押さえた見方・考え方を身につけたいものです。

　こうした視点は，社会科の授業づくりにおいても重要になります。社会科では，例えば，地場産業の盛んな地域や地形や気候から見て特色ある地域，米作りの盛んな庄内平野など，具体的な事例や事例地を選択して学習が展開されます。ややもすると取り上げた事例や事例地そのものの学習で終わっている実践が見られます。「木」に当たる事例や事例地を取り上げるだけでは，「森」が見えない学習に陥ってしまいます。

　例えば庄内平野の米づくりの教材は，わが国の稲作，わが国の食料生産の現状を学ぶことに主眼があります。ここでは，まず多くの日本人にとって米は主食であることを押さえます。次にわが国の米づくりの盛んな地域を概観し，そのうえで事例地を選択して範例的に学ばせます。「まず概観してから，次に事例（地）に移行する」ことを原則にします。これによって「木を見て，森を見ず」にならないようになります。

③ 「狙い」は何か

　新聞やテレビなどでニュースを読んだり聴いたりしていると，政治など世の中の動きを事実として紹介するだけでなく，特に新しいことが始まるような場合には「このことには，〜に狙いがあります」「〜することを狙っています」といった解説をたびたび耳にします。「狙い」という活字を目にします。目に見える現象と背景にある意図や狙いを一体にとらえることによって，現象の本質が見えるようになるからでしょう。

　現象のみを追い求めると，本質を見失うことがあります。いま学校では，子どもの言語活動を充実させる取り組みが行われています。ところが，どうして言語活動の充実が期待されているのかが十分に確認されていない状況が見られます。そのために手段であるはずの言語活動が目的化され，言語活動のための授業が展開されています。これでは本末転倒です。

　子どもの習熟の状況に応じて小集団を編成して指導する習熟度別学習が盛んに行われた頃にも，学力の向上を目指すという目的が曖昧になり，はじめに習熟度別学習ありきの取り組みが見られました。

　新しい動きが提起されたとき，それはなぜ必要なのか。何を狙っているのかを考えることは誤らない対応をするうえで重要です。狙いを確認することによって事象の本質を理解することができ，その結果，多様な実践を工夫することができるようになります。目指すべき方向が明確になるからです。

　私たちがものを見たり考えたりするとき，狙いは何かを確認することは重要な視点だといえます。

　社会科の授業においても，社会的事象や事実を押さえるだけでなく，その狙いは何か。何を意味しているのかといった，見えたことから見えないことを考えさせます。このことによって，社会的事象の本質（意味や働きなど）をとらえることができ，社会とはどのようなところなのかを理解することができるようになります。

④ 固有性と共通性

　私たちがものを見たり考えたりするとき，どうしても違いに目が向きがちです。異文化理解という言葉があります。これは文化や習慣には違いがあることを理解することです。

　ここでいう違いとは「差」ではありません。「多様性」と言い換えることもできます。個性重視の教育は一人一人のよさや持ち味，得意分野を生かし伸ばす教育です。これは子どもの多様性に目をつけた子育ての原則です。

　事象や人々の違いを強調することはそれぞれの固有性を際立たせ，対象の特徴などを理解するために大切な見方・考え方です。ところが，違いという固有性の視点だけでは，対象を総合的に理解することにはなりません。人間は誰でも住む場所を問わず，安全に生きたい，健康に生活したいという共通の願いをもっています。共通性にも目をつけることによって，対象の総体や本質をとらえることができるようになります。

　子どもたちを個性豊かな人間として成長させるとともに，すべての子どもたちに社会人として求められる基礎・基本を共通的に身につけさせる必要があります。

　学習指導要領にはその教科等で「こそ」指導すべきことと，いずれの教科等「でも」指導すべきことが示されています。前者は当該の教科等の学習指導要領であり，後者は学習指導要領の総則の内容です。

　固有性と共通性という視点を重視することが，物事をより確かに見たり考えたりすることにつながります。固有性を縦棒（｜），共通性を横棒（―）にたとえると，「Ｔ字型」になります。Ｔ字型の見方・考え方は，事象や人々を理解するとき大切な視点です。

　固有性と共通性は，社会科の授業で社会的事象を見たり考えたりするときにも重要な視点になります。例えば，自然条件から見て特色ある地域の人々の生活について調べるとき，地形条件と気候条件の観点から事例地が選択されます。それぞれの地域の人々の生活について具体的に調べますが，それらの内容はその地域ならではの固有な様子です。そこからさらに掘り下げて，

それぞれの地域の生活に見る共通性を考えさせることによって，自然条件と人々の本質的な関わり方をとらえることができるようになります。

　固有性と共通性は，6年のわが国と経済や文化などの面でつながりが深い国の人々の生活の様子について，調べる国を選択して調べさせるときにも重視したい視点です。

⑤ 絶対はない―変わりうること―

　私たちがものを理解するとき，ややもすると固定的，静的，絶対的にとらえがちです。例えば，町の景観を表す1枚の写真を見て，「この町は○○だ」と決めつけてしまうことがあります。しかし，それは町の一部を示しているものであり，町の全体を表しているものではないはずです。一部を見て全体を推し量ることは，必要な場合もありますが，危険な場合もあります。第一印象で判断したり先入観で見たりすることもあります。これも危険なことです。

　そもそも物事には「絶対はない」という見方・考え方が必要です。社会現象や自然現象は時間がたつと変化します。自然現象は条件が変わると，変わることがあります。昔から「所変われば品変わる」といわれるように，同じものでも場所が変われば，違いが出てきます。人間も常に成長し続けていますから，その姿も変容していきます。以前のままでは決してありません。

　いま見たり考えたりしたことは，新たな事実や考え方に出会ったり，時間が経過したりすると，違った見方や考え方に変わることがあります。「この資料から考えたことは，○○○です。でも違った資料を見ると，この考え方が変わるかもしれません」といった発言のように，物事を限定的に見たり考えたりすることは，対象は常に流動し変化しているものだととらえることです。

　ものを見たり考えたりするとき，その対象は動的，限定的なものだととらえる習慣をつけることが大切です。絶対はない。変わりうるものだと受けとめ，物事を絶対視したり鵜呑みにしたりしないことは，ものの見方・考え方

の大切な視点です。

　絶対視しないという見方・考え方は、社会科においても重要なことです。資料で調べ学習を展開するとき、必ず量的、質的な限界が伴っています。ほかの資料に当たって調べると、違った見方・考え方が生まれる可能性があります。調べ考えたことを発表させるとき、その内容はあくまでも「調べたことから考えたこと」であることを強く意識させたいものです。

⑥　原因と結果

　原因と結果はたびたび対(つい)で使われます。原因とそれによって生じる結果との関係を因果関係といわれます。両者の間には多くの場合、時間的な開きがあることから、歴史的事象を見たり考えたりするときの視点として使われます。物事をさらに改善させ前進させていくためには、現在の状況を静的なもの、単独的なものととらえるのではなく、ある事象や現象の結果としてとらえることが大切です。結果としてとらえるとは、どうしてそうなったのか、その背景は何かなど、時系列で動的にとらえることです。

　こうした見方・考え方をすることによって、もし現在の状況に課題がある場合にはその原因になったもの（こと）を除去したり改善したりすることができます。軌道修正ができます。これとは逆に、よい結果が生まれたときには、その原因を探ることによって、これまでの行動に自信をもち、継続的に発展させることができます。

　日々の教育活動においては、さまざまな課題や問題点に遭遇します。そこでは、いきなり改善点を見いだそうとするのではなく、その状況に至った経緯を時系列で整理し、どうしてそのような結果に至ったのか、多方面から多角的に原因の究明を図ります。近年では、独りよがりや思い込みにならないよう、利害関係のない第三者から意見を聞くことが重視されています。

　結果を原因とつなげることによって課題や問題点の解決を図る糸口を見いだすことができます。合わせて、今後同様な課題を再発させないための教訓や防止策を打ち出すことができます。

社会科の授業で社会的事象相互の関係性をとらえるとき，原因と結果という視点から見たり考えたりすることがしばしば行われます。それは「なぜでしょうか」という発問に象徴されます。ただ，因果関係を考えさせるときには，それに耐えうる事実を収集し理解していることが前提です。歴史学習において因果関係を考えさせることは，小学生にとって高度な学習になりがちです。

⑦　メリットとデメリット

　事象や物事には必ず表と裏の２つの側面があります。それは「メリットとデメリット」と言い換えることができます。メリットとは利点であり長所です。デメリットとは欠点であり短所です。後者は課題や問題点，リスクなどといわれます。ものを見たり考えたりするとき，自分の考えに近いことや同調することなどにはどうしてもバイアスがかかり，少しでもよくとらえようとします。逆に悪く受けとめようとすることもあります。これが思い込みになったり先入観をつくったりします。その結果，判断を誤ることがあります。

　ある事業を実施するかどうかを決定するとき，その事業にどのような効果が期待できるか。逆に，どのようなリスクが予想されるかを想定します。100％の「完成品はない」と受けとめていたほうがよさそうです。これはある事柄に対して，100人中100人がすべて賛成しない（あるいは反対しない）という現象と同じです。物事を理解したり判断したりするとき，人々の間には多様な見方・考え方があります。

　日頃から，多面的にとらえる習慣を身につけたいものです。少なくともその事象のもつメリットは何か。逆にデメリットは何かという２つの側面から分析・検討します。そのうえで，実行するかどうかの判断をします。実行する場合には，デメリットを最小限度にとどめる手だてを考えます。またメリットをさらに浮き立たせる工夫をします。メリットとデメリットの関係は相対的なものでもあるからです。

以上の事項は，汎用的な見方・考え方に関して，対象を見たり考えたりするときに取り入れたい目のつけどころ（視点）です。次は，方法や手続きの面から汎用的な見方・考え方についてさらに考えます。

⑧　５Ｗ１Ｈ

　新聞記者が社会での出来事について記事を書くとき，事実を把握するために丁寧な取材を行うといいます。「誰が，いつ，どこで，何を，なぜ，どのように」という６つの「疑問詞」をもって取材し，情報を収集するということを聞いたことがあります。英語で表すと，Who, When, Where, What, Why, How の「５Ｗ１Ｈ」です。これらは事実を把握するための基本だといえます。事実を正しく伝える鉄則でしょう。
　ある事象や現象に対して見たり考えたりするとき，その前提として対象を正しくとらえることが不可欠です。事実が不確かな状況では，見方・考え方が確かなものにはならず，信頼性も確保されません。
　私たちがものを見たり考えたりするとき，「５Ｗ１Ｈ」は対象をとらえる重要な視点だといえます。「５Ｗ１Ｈ」といった少なくとも６つの要素から事実をとらえると，その事象や現象の大枠を理解することができるようになるからです。ものを見たり考えたりするときに，発揮させたい視点です。
　「５Ｗ１Ｈ」にもとづいて，ある子どもの行動について観察し，収集した事実を整理すると，例えば次のようになります。
　「Ａ男くんは，休み時間であるにもかかわらず，校庭で遊ばないで，いつも教室で一人でいます。読書をしています。『なぜ，みんなと遊ばないのか』と理由を聞くと，『つまらないから』という答えが返ってきました」
　ここからＡ男くんの状況がよく伝わってきます。こうした見方・考え方をまずは教師が身につけ，子どもたちにも指導したいものです。
　教師が「５Ｗ１Ｈ」を用いる主要な場面は，授業中の発問です。発問に疑問詞を含めると，子どもたちは思考が促され，理解を深めます。教師が「なぜだろうか」と問いかけると，子どもたちは原因や理由を考えようとします。

「どのようになっているのかな」と問うと、資料などで事実を調べ確かめようとします。「どっちだろうか」と促すと、自分なりの判断基準を設定してどちらか一方を選択します。その際、理由も考えます。

「5W1H」を重視することは、子どもたちに見方・考え方を身につけ、思考力・判断力・表現力をはぐくむための重要な手法だといえます。

⑨ 比べる（比較）

ある事物や事象などを特徴づけるとき、他の事物などと比べてみると、際立って見えてきます。これは比較して見たり考えたりする手法です。

通常、2つ（あるいはそれ以上）のもの（こと）を比べるとき、どうしても両者の「違い（相違点）」に目がいきがちです。例えば、日本の文化とヨーロッパの文化を比較するとき、多くの場合、両者の違いを指摘します。違いは目に見えるからでしょう。「異文化理解（異なる文化を互いに理解し合うこと）」という言葉はその象徴的な言い方です。

比べるとき、もう1つ大切な視点は「共通点」です。これは「異文化理解」に対して、近年「多文化共生」などといわれています。これは違いではなく、多様性に目をつけた言い方です。

共通点は目に見えにくいものです。多くの場合、事象などの背景や意図、人々の願いなどを考えることによって導き出されます。

暖かい沖縄県の人たちと寒さの厳しい北海道の人たちの具体的な暮らし方はそれぞれ違っています。しかし、両者に見られる共通点は、「気候条件から暮らしを守ったり、気候条件を暮らしに生かしたりしている」ことです。適応と順応という観点から共通性を見いだすことができます。こうした見方・考え方は、両者を比較して見いだした、個々の事実や事象をもとに考えることによって導き出されるものです。

相違点と共通点を明確にするときには、予め観点を設けて比較します。観点を定めて対象を見ることによって、より分析的にとらえることができるようになるからです。結果を図表などに整理すると、どこが違っていて、どこ

に共通点があるかを可視化することができます。これはものを見たり考えたりするときの第1次資料です。

　社会科で社会的事象を比較させるときには、観点を同じカテゴリーのものにしなければなりません。観点のレベルに違いがあったり、一方だけに当てはまる観点であったりすると、正しい比較はできません。例えば平安時代の貴族の暮らしと鎌倉時代の武士の暮らしを比べるときには、「暮らし」の概念をくだいて、衣、食、住、楽しみ、行事などの具体的な観点を設定します。

　社会的事象を見たり考えたりするとき、「比べる」という操作は重要な手法です。

⑩　条件を揃えて判断する

　複数の事象を対比して見たり考えたりするとき、また両者を比べて有効性や優劣を判断するとき、予め条件を揃えておく必要があります。そのなかで1つの条件だけを違えておくと、結果を考察するときその条件の有効性を確かめることができます。

　理科の授業に、植物の発芽の条件を調べる実験があります。発芽するためには、水と空気と適温が必要です。水が必要であることに気づかせるには、同じ環境において一方に水を与え、一方には水を与えません。確かめたい条件だけを違えます。これによって、発芽に水が必要であるかどうかを検証することができます。実験・観察に当たっては、揃えることと違えることという条件の整備が求められます。

　実際の授業では図表を作成します。共通の条件と違えた条件のそれぞれの結果を目に見えるようにすると、理解が深まります。日常生活で、1キログラム500円のミカンと、2キログラム900円のミカンのどちらを選ぶかというとき、価格を比べることは必要ですが、合わせて、産地や味、新鮮さや日持ち、食べる人の数などの条件も加味して選択します。価格以外の条件が同じであれば、通常価格の安いほうを買い求めます。

　社会科では従来から、社会的事象を公正に判断することが求められてきま

した。これは社会の形成者として求められる資質・能力の基礎でもあります。複数の事象の中から適切なものを選択したり優劣や善悪を判断したりするとき，条件を揃えて見たり考えたりするという操作は大切な手続きだといえます。そうでないと，不公平な見方・考え方をし，それにもとづいて誤った選択や決定をしてしまうことになりかねないからです。

　条件を揃えることは，社会や社会的事象に対して見たり考えたりするとき，教師が意識して指導したい重要な視点です。

⑪　消去法で選択する

　複数の対象を見て行為や意思を決定するとき，必要なものや重要なものを選び出し，限定，厳選されたものをもとに見たり考えたりすることがあります。この場合，対象の中からどのように選択するかがポイントになります。選択した対象によって，見方・考え方が大きく変わることがあるからです。

　選択する際には基準が必要です。その基準は必要性であったり重要性であったりします。正しいもの（正誤），よいもの（善悪），優れているもの（優劣），適したもの（適否）などは比較的わかりやすい基準です。ところが，選択の対象に甲乙がつけがたい場合には選択に迷うことがあります。

　このような場合，「消去法」という方法を取り入れることができます。「消去」とは文字どおり消し去ることです。「消去法」とは，複数の個体の中から選択するとき，必要なものとの距離が遠いものから強制的に除外していく方法です。すなわち，マイナス点の多いものから順に除外していき，最後に残ったものを選択・決定するという方法です。消去法は，ペーパーテストでの選択問題で正解がわからないときに取り入れられることがあります。多くの人が経験してきたことでしょう。

　消去法で選び抜かれた事象をもとに，予め設定されていた課題に照らして見たり考えたりします。あくまでも選択した対象をもとにした，限定的な見方・考え方です。選択の仕方を変えると，また違った見方・考え方が生まれることがあります。社会科の授業で消去法を取り入れる場は，資料などで調

べる場面が考えられます。時間に限りがあるときや，資料に難易が見られるときには，目下不必要なもの，高度なものを消去します。

　消去法は積極的な選択法とはいえないかもしれませんが，これも問題解決策の1つの方法です。

⑫　ＫＪ法による情報処理

　川喜田二郎氏が『発想法』（中公新書）でＫＪ法という情報処理の方法を提唱したのは，昭和42年のことです。「ＫＪ」は提唱者のイニシャルです。本書が出版された頃，ＫＪ法は授業でも盛んに取り入れられました。例えば資料活用の場面で，次のような手順で進められました。

---

①　1枚の資料から発見したことをアットランダムに書き出します。その際，1枚のカード（付箋）に1つの事実を書くことを約束します。複数の要素や内容を書くと，あとで処理するときに困るからです。できるだけたくさんのカードを書くように勧めます。

②　カードを大きな紙の上にバラバラに置きます。そして，似ているカード，関係のあるカードを移動して集めます。これは分類・整理するという作業で，仲間分けすることです。いくつかのグループに整理されます。いずれにも属しないカードは1か所に集めます。

③　グループごとに丸で囲み，小見出しを考えます。どこにも所属しない「その他」のカードが多くなったときには，さらに仲間分けができないかを検討します。

④　資料を読み取って，何がいえるか，全体の見出しを考えます。これは書籍の書名のようなものです。

　こうした手続きで個々の多様な事実を処理すると，全体像が見えてきます。ＫＪ法はものを見たり考えたりするときの有効な手だてだといえます。ＫＪ法を日頃の仕事の中で，また授業観察など教員の研修の場で取り入れること

により，仕事や授業に対してまた違った見方・考え方が生まれてきます。

社会科の授業では，資料を読み取らせるときや，読み取ったことをもとに考えを導き出すときなど，カードを操作し，見方・考え方を導き出す方法としてＫＪ法を取り入れることができます。

⑬　公平性（バランス感覚）

一方だけに偏らないよう，また私情を差し挟んだりせずに，公平にものを見たり考えたりすることは，社会生活を送るうえでも大切なことです。

自分とかかわりが深いこと（もの），利害や好みが一致していることにはバイアスをかけて見がちです。これが偏見や先入観に結びつくことがあります。偏見とは，偏った見解や公正でない意見のことで，対象を正確に理解しとらえる見方・考え方とは無縁なものです。事象や人々を優劣や善悪，上下といった縦軸の基準で見たり考えたりすると，公平性を欠くことがあります。

公正と公平は類似語です。国語辞典によると，公正には「公正な裁判」とか「取引を公正に行う」などといわれるように明確で正しいという趣旨があります。一方，公平には「公平に配る」などのように，偏っていないことをいいます。依怙贔屓（えこひいき）という言葉があります。これは偏っていて公平でないことをいいます。特定の人やもの（こと）を単に贔屓するともいいます。なお，贔屓には後援する，応援するという意味もあり，「ご贔屓のお客さま」のように，贔屓が好意的に使われることもあります。

公平であるかどうかは，どうしてそういえるのか。何を根拠にしているのか，わかりやすく，納得できる説明ができるかどうかにかかっています。

私たちの周囲にはさまざまな二項対立的な事象が見られます。ＡかＢかの二者択一ではなく，それぞれのよさや優れたところを認めるバランス感覚が求められることがあります。これは対立の思考ではなく，共生・共存の視点です。このことは，ＡとＢから新たな見方・考え方を生み出すことでもあり，創造的な営みだといえます。

社会科においても，公正に判断することとともに，公平に見たり考えたり

することが重要です。社会生活を営むうえでも必要かつ重要な見方・考え方として、また生き方の指標としてぜひとも身につけさせたい視点です。

⑭ 多面的，総合的に

あるものを見たり，ある事柄について考えたりするとき，ある1つの側面を強調したり重視したりすることは，その対象を特徴づけるうえではとても重要なことです。そうした見方・考え方をすると，他との差別化を図り，メリハリをつけることができるようになります。

ところが，それだけでは対象に対して，1つの見方を決めつけたり方向づけたりしてしまうこともあります。大切なことは，対象を多面的，総合的に観察し検討したうえで特徴点を示すことです。特徴点とはその対象ならではの個性でありよさでもあります。

例えば，工場を見学するとき，子どもたちにただ漠然と観察するようには指導していません。教師は見学のねらいに即して意図的に観察するため，事前に見学の視点を指導してから見学を促しています。これらの視点は工場での生産活動を多面的，分析的に観察するためのものです。見学後には，観察の結果を見学の視点ごとに発表します。それらをもとに，子どもたちは工場での生産の様子を総合的に理解するようになります。ここでは，多面的，分析的な理解から総合的な理解へという方向で，学習が展開されます。

教師が子どもの学習状況を評価する際にも同様な手法が採られています。まずは観点ごとに学習状況を把握します。これは多面的な評価であり，観点別評価です。観点ごとの結果をもとに総合的に判断します。これは総括的な評価であり，評定することです。ここでも，多面的な把握から総合的な把握へと発展的に行われています。

ものや人など対象について見たり考えたりするときも，まずは予め視点や観点を設けて多面的にとらえます。そこでとどめずに，次にそれらを相互に関連づけ総合化して対象を理解します。その結果，全体像を把握し，対象のよさや特色などを特徴づけることができます。

社会科の授業においても社会的事象の意味や特色などをはじめ，人々や施設などの働きを学びとらせるとき，多面的な見方・考え方と総合的な見方・考え方を関連づけ，一体化させる指導が求められます。

⑮　応用・転移する

　ある典型的，代表的な事柄をとおして学びとったことを他の事柄にも応用・転移することは重要なものの見方・考え方です。応用するとは，原理や原則，概念を他の具体的な事柄や事例に当てはめて利用することをいいます。転移とは他のもの（こと）に移すことですから，応用と類語です。
　「1つを学んで10がわかる」という言い方があります。これはあれもこれも学ぶのではなく，1つのことをじっくり学び，それをとおして学んだことを10のこと（10とは他のいろんな事柄のこと）がわかるようになる（する）という意味です。ここでいう1つのことをとおして学んだこととは，他の事柄にも応用・転移できる価値のあるものです。
　学校や会社，ホテルなどにはマスター・キーと呼ばれるカギがあります。1つのカギでいろんな部屋を開けて入ることができます。便利で価値あるものです。「10がわかる」とはこうした応用性，転移性のある，マスター・キーに相当するカギ（見方・考え方）を身につけることです。
　情報社会においては，学校教育であれもこれもをすべて学ばせることは不可能です。また，情報は将来にわたって常に生産され続けられます。
　これからの学校教育においては，変化の激しい社会を生きていくために，意欲や主体性などの資質や思考力・判断力・表現力などの能力をはぐくむとともに，未知なるものに対しても応用性，転移性のある価値ある知識や技能を習得・獲得させることが強く求められます。
　社会科においては，事例や事例地をあれもこれも取り上げるのではなく，選択して学ぶようになっています。ここでは，典型教材といわれる事例や事例地そのものを学ぶことで終わらせるのではなく，応用力，転移力を発揮させ，見方・考え方を広げたり深めたりします。そのためには，典型的な事例

や事例地による学習で，応用性，転移性のある概念的な知識（マスター・キー）を獲得させることが一層重要になります。

⑯　ベストとベター

　物事を見たり考えたりするとき，ベストとベターの視点があります。英語科の授業ではベストを最上級，ベターを比較級と教えられます。順序や等級などをつけるときや複数の対象から1つを選択するときに用いられます。

　コンクールで優秀作品を1つ選定するとき，際立って優れたものが1つある場合には，それをベストなものと判断することができます。これは絶対的な判断です。これに対して，誰が見てもベストだと判断できるものがない場合や甲乙つけがたいものが複数ある場合には，より優れたものを選択することがあります。これは他と比べてベターなものを選択するもので，相対的な判断です。ベストとベターは，前者を絶対的判断，後者を相対的判断とも言い換えることができます。

　私たちの人生は，毎日が問題解決の連続です。そこでは適切な状況把握と判断力が求められます。そのような場面でベストなもの（こと）が決められるときにはそれほど悩むことはありません。ところが，人生においては，ベストなものが即決できないことが多々あります。物事を選択・決定するとき，「ベスト（最上のもの）とはいえないが，ベターな（他のものよりもよりよい）ものを選ぶ」ことが行われます。このようなときには，「より優れたもの」「ベターなもの」を選択するという手法を取り入れて問題を解決しています。

　いま，子どもたちに判断力をはぐくむことが求められています。判断力は判断するという行為をとおしてはぐくまれます。判断するためにはそのための公正な基準と手続きが求められます。基準の1つとして「ベストとベター」という視点を身につけることによって，ものの見方・考え方が養われていきます。

　社会生活を営む中では，さまざまな場面で選択したり決定したりする場面

が多くあります。ものを買ったり、目的地への行き方を決めたり、選挙で一票を投じたり……、枚挙にいとまがありません。ベストとベターという判断基準（決定する際の視点）をもつことは、主体的に生きるうえで重要なカギを取得することになります。

(4) 関連資料

筆者は、かつて拙著『「生きる力」を育てる社会科授業』（明治図書出版）の中で、「生きる力としての『社会的なものの見方や考え方』を育てる」ことについて論述しました。そこでは、「社会的なものの見方や考え方」について10のポイントを提案しています。

参考までに、下記にその内容を「関連資料」として再掲します。

---

① 事実に基づいて見たり考えたりすること。社会的事象から具体的な事実をたんねんに読み取れるようにするなど、何よりも事実を正確にとらえることが大切である。事実の認識は社会科学習の基盤である。事実に基づいて見たり考えたりできるようにすることは、社会科の学習の原点である。

② 社会的事象に対して、自分なりに解釈（意味づけ）して見たり考えたりすること。具体的な事実の把握や実際の活動、体験をもとにしながら「見えるものから見えないもの」を考えたり一般化したりする見方や考え方をうながす指導を重視する。ここでは、「自分なり」に見たり考えたりしたことを、教師がどう評価するかがポイントである。

③ 複数の社会的な事実を一般化したり抽象化したりして見たり考えたりすること。逆に、一般的、抽象的な表現を具体的な事実や事象と結びつけて見たり考えたりすること。このことは、前者が帰納的思考であり、「つまり、まとめると」どういう見方・考え方ができるかを考えることである。一方、後者は演繹的思考であり、「たとえば」どういう見方や考え方ができるかを考えることである。この両者は、社会

的なものの見方・考え方を獲得するうえで重要なものである。
④　社会的事象を多面的に見たり考えたりすること。社会的事象を複数の観点から多面的にとらえることによって，事象を総合的に見たり，より広い視野からとらえたりできるようになり，子どもの中に個性的な見方や考え方が育っていく。
⑤　社会的事象を公正に見たり考えたりすること。社会的事象を一面的ではなく多面的にとらえることは，事象や課題を公正に見たり判断したりするために必要なことである。このような見方や考え方は，社会生活を営んでいくうえで重要なことである。
⑥　社会的事象を比較・関連・総合して見たり考えたりすること。社会的な事実や事象を比べたりつなげたり，さらにまとめたりして見たり考えたりすることによって，社会的事象の意味や役割，特色などが一層広く深く理解できるようになる。このことによって社会に対する見方（社会を見る目）も育っていく。
⑦　社会的事象を時間の経緯の中で見たり考えたりすること。これは，例えば，市の移り変わり（3年），地域の文化や開発などに尽くした先人（4年），伝統的な技術を生かした工業（5年），日本の歴史（6年）など，主に歴史的内容にかかわる学習の中で系統的，段階的に育てられる。これは歴史的な見方・考え方と言い換えることができる。
⑧　社会的事象を空間的な広がりの中で見たり考えたりすること。これは，例えば市（区，町，村）（3，4年），県（都，道，府）（4年），国土（4，5年），世界の国（6年）の学習など，主に地理的内容や，地域や国土の産業にかかわる学習の中で育てられる。これは，地理的な見方・考え方と言い換えることができる。
⑨　社会的事象を自分の生活や自分自身とのかかわりで見たり考えたりすること。このことは，社会的事象を第三者的にとらえるのではなく，事象に対して自分の願いや思いをもつようになることである。また，自分なりの生き方やライフスタイルの改善につながるものである。

⑩ 事実や解釈の限界性を意識して見たり考えたりすること。新しい社会的事象と出会ったり，新たな経験や体験をしたりするとこれまでの見方や考え方が補足・修正されることがあることについて指導する。

(注記) 本節「ものの『見方・考え方』を身につける」(1)～(3)は，ぶんけい教育研究所から毎月発行しているリーフレット『教育の小径』（平成26年11月号～平成28年10月号）に連載した「ものの見方・考え方とは何か」の内容を大幅に加筆・修正し，再構成したものです。

4 「何を」をしっかり押さえて指導する

(1) 社会科において「何を」とは何か

① 能力は「内容や対象」と一体に育つ

　思考力・判断力・表現力といった「能力」は，それだけを単独に取り上げても育てることはできません。まして考え方や表現の仕方を言葉で丁寧に説明しても身につきません。能力は子ども自身が「思考する」「判断する」「表現する」という行為を行うことによって，子どもの中に徐々に形成されていきます。能力はそうした行為の繰り返しによって高まっていきます。

　このことは，思考力・判断力・表現力を育てるためには，そのための学習内容や対象が必要になるということです。社会科では社会や社会的事象が対象になります。子どもに「考えさせる」とき，教師は何について考えさせたいのかといった学習内容をきちんと押さえておく必要があります。考えさせる内容は何でもよいというものでもありません。また，何でもただ考えさせれば思考力が育つというものでもありません。教師がまず何について，何を考えさせたいのかを明確に押さえたうえで，子どもに考える行為を促すことが重要です。

　能力が育つためには，まず社会的事象に関心をもち，それらに進んで関わろうとする意欲が必要です。また，社会的事象を調べたり，その意味や働きなどを考えたりする学習活動にも取り組ませなければなりません。こうした過程において，子どもたちは知識を習得し，それらの知識を活用して問題解決を行います。能力は問題解決的な学習を繰り返し体験することによって，学習態度や知識の習得・獲得と一体に育っていきます。

　そのためには，社会科の授業に当たってまず「何を」を明らかにしておく必要があります。

② 「内容教科」としての社会科

　社会科は従来から「内容教科」だといわれてきました。このことは社会科において「教えるべきこと」があるということです。教えなければならない「こと」とは、端的にいえば社会についての知識を習得・獲得させることです。

　一般に、知識には次の2つがあるとされています。1つは学習内容に関する知識（内容知）です。いま1つは学習方法に関する知識（方法知）といわれています。「内容教科」という社会科の特質を踏まえると、ここでいう「何を」とは「内容知」に当たる知識のことです。

　社会科の授業で取り上げられる知識（内容知）は、大きくとらえると、次の3つに整理することができます。

- **社会についての用語や語句レベルの知識**

　例えば、都道府県の名称、方位や地図記号のほか、主な川や山地・山脈、歴史上の人物や事象の名前など、学習を進めたり社会生活を営んだりするうえで必要となる最低限の用語や語句です。

- **社会的事象についての具体的な知識**

　例えば、わが国の国土の4分の3は山地が占めている。聖武天皇は奈良に大仏を造営したなど、観察したり資料などで調べたりして見いだすことができる知識です。これらは単位時間（短時間）で習得できるところに特色があります。この種の知識は、時間の経過によって変わったり地域の事例によって違ったりすることもあります。個別具体的な事実レベルの知識です。

- **具体的な知識をもとに導き出される概念的な知識**

　中心概念ともいいます。抽象的に表現されることが多く、汎用性や応用性、転移性を備えています。社会や社会的事象を見るときの視点にもなります。多くの場合、小単元の終末において調べたことをもとに思考・判断することによって導き出されるものです。

これらの知識は個々バラバラに存在しているのではありません。相互に関連しています。概念的な知識（中心概念）を頂点に，階層的に構造化されています。「何を」を明確にするとは，これらの知識を階層的に見える化する作業を行うことをいいます。これが「知識の構造図」の作成です。

③　社会科の技能的な側面

　いま1つの知識である方法知についても，その内容を明らかにする必要があります。社会科では観察や調査，資料活用などの技能を活用して，調べる活動やまとめる活動，考える活動が展開されるからです。

　資料活用の技能とひと言でいっても，資料には地図や統計，年表，写真などさまざまな形態のものがあります。それらの技能を身につけるためには，それぞれの資料の活用の仕方を段階を踏んで指導する必要があります。

　また，例えば「地図」という形態の資料をとっても，その指導内容には地図の性格や役割，地図に関する基本用語などの基礎的な知識のほかに，地図の読み方や描き方があります。これは「地図の技能」です。これらのうち，「地図の読み方（読図）」に焦点を当てると，次のような系統が考えられます。

```
（3年）・地形の高低や土地の使われ方の違いを読み取ることができる。
　　　　・分布の傾向性を見つけることができる。
（4年）・地形と土地利用を結びつけ関係性を読み取ることができる。
　　　　・地域の広がりや特色をとらえることができる。
（5年）・国土の広がりや地形的，気候的な特色をとらえることができる。
　　　　・社会的事象相互の関係的な見方ができる。
（6年）・日本と外国との位置関係を読み取ることができる。
　　　　・各種の地図を目的に応じて活用することができる。
```

　「地図の描き方（描図)」についても，同じように系統性を明らかにしておく必要があります。

これまでの社会科研究においては，知識の構造化と同じように，技能の系統化も十分に行われてきませんでした。今後，社会科における技能面に着目した系統性を明確にした体系的な指導が求められます。子どもたちは，社会科学習を進める際に必要となるさまざまな技能を習得し，それらを活用して調べ考え，そしてまとめる活動をとおして思考力・判断力・表現力をはぐくんでいきます。

(2) 「何を」をどう押さえるか

① 「知識の構造図」とその特色

　ここでいう「何を」をどう押さえるかということは，授業で登場するさまざまな知識を構造的に整理することです。具体的には「知識の構造図」を作成します。このことによって「何を」を可視化することができます。

　次ページに「知識の構造図」のサンプルを示しました。「知識の構造図」には次のような特色があります。

○「知識の構造図」は小単元ごとに作成する。
○社会科授業で教えるべきこと（学習内容＝知識）を階層的，構造的に明らかにしたものである。
○知識は「中心概念（概念的知識）」「具体的知識」「用語・語句」の３種類に限定している。
○原則的に１単位時間に１つの知識を明確にしている。学習計画を立てる時間など習得させる知識が明示されないこともある。
○「中心概念」は小単元の，「具体的知識」は１単位時間の，それぞれの出口（ゴール）である。
○知識は，問題解決的な学習を想定して学習の順に配列されている。子どもに習得・獲得させる知識には，具体から抽象（概念）へといった学習の順序性や発展性がある。
○「知識の構造図」と問題解決的な「指導計画」は相互に関連づけられ

る。これによって「知識の構造図」が実効性のあるものになる。
○設定した知識は，１単位時間や小単元の指導の終末において，その習得状況を評価する際の対象となる。

このように，「知識の構造図」を作成するねらいは，「何を」指導するのかをまず教師が押さえることにあります。

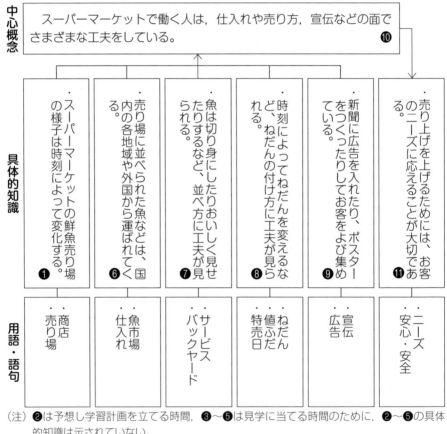

図９　「知識の構造図」（例）

② なぜ「知識の構造図」を作成するのか

　社会科の授業に当たって，なぜ「知識の構造図」を作成し，「何を」を明らかにする必要があるのか。それには次のような背景や理由があります。

　まず，社会科という教科の特質からです。社会科は従来から「内容教科」だといわれてきました。そのため，授業をとおして身につけるべきこと（知識）を確実に習得・獲得させることが求められます。このことによって，子どもたちは社会についての理解・認識を深めることができるからです。

　学習の対象である社会や社会的事象は常に変化していることも理由にあげることができます。観察したことや調べたことは，時間がたつと変わっていきます。場所が変わると違ってしまうこともあります。このことは変化する具体的な知識だけでなく，最終的に獲得させる知識は何かを明らかにする必要があることを意味しています。

　次に，社会科授業に見る課題です。特に小学校においては，指導方法に関する授業研究が中心に行われています。教材をどう開発するか。資料をどう提示するか。発問や指示をどう構成するか。板書をどうするかなど，いずれも「教え方」に関わることが研究の対象でした。そのため，これまで「何を」指導するのかを押さえることが手薄だったように思われます。

　また，思考力，判断力，表現力などの能力をどう育てるかということを主題にした授業研究においても，ともすると「何を」指導するのかを明確にしないままに，能力の「育て方」だけを話題にしてきました。その結果，社会科の役割が十分果たせないことも見られました。

　さらに，「社会科の指導は難しい」「何を教えたらよいのかわからない」という教師の指導上の悩みがあることです。社会科では必ずしも教材が一律ではありません。特に中学年では地域を対象にした学習が展開されますから，取り上げられる教材は，同じ市内であっても学校によって変わることがあります。学校によって教材は違っても，それをとおして子どもたちに学ばせることには共通性が求められます。にもかかわらず，このことが明らかにされないままに指導されている実態が見られます。「何を」を明らかにすること

によって，社会科授業に対する悩みを解消することができるようになるのではないかと考えます。

いま1つは，社会における知識のもつ役割です。「知識基盤社会」といわれています。これは，知識や情報は新しいものを生み出したり，これからの社会を創造する際に源になるという趣旨です。知識がなければ，思考力や判断力を発揮することはできません。創造性も発揮できないでしょう。

持続可能な社会の担い手として成長させるためには，まず基礎的な知識を確実に習得させることが不可欠です。これによって，知識を活用する行為が成立し，思考力・判断力・表現力がはぐくまれていきます。

このように，「知識の構造図」を作成する目的は，教師が授業の確かなゴール・イメージをもち，子どもの主体性を尊重しつつ，はい回らない授業にするためです。いわば，社会科の学力を保障するためのセーフティネットとしての役割をもっているものだといえます。

③ 「知識の構造図」作成の手順

「知識の構造図」はおよそ次のような手順で作成します。1つのモデルとして紹介します。

①小単元の目標を設定する

目標に示された小単元レベルの「知識・理解事項」を抽出し，「中心概念（概念的知識）」とする。これは小単元のまとめの時間に獲得させ評価する内容である。

②具体的知識を洗い出す

「中心概念」を獲得するために必要な具体的知識（中心概念を支える知識）を「1単位時間に1つ」を原則に，アットランダムに洗い出す。付箋などカードに書き出すと，移動が可能になり，処理がしやすくなる。教科書では，通常1見開き（2ページ）が1時間扱いになっている。特に習得させる知識がない時間もあることに留意する。

③ **具体的知識の順序性を考える**
　具体的知識を学習の順序に並べ，時数を書き入れる。小単元を貫く学習問題をつかませるために習得させる具体的知識は１時間目（または２時間目）に位置づく。
④ **用語・語句を抽出する**
　具体的知識（各単位時間）ごとに，調べ習得させる際に必要となる用語や語句を抽出する。１単位時間に多くても３～４つ程度にとどめる。示されない場合もある。

　なお，「中心概念」を獲得した後に，発展的な学習（獲得した中心概念などを活用する場面）を展開する場合には，その時間に習得させる具体的知識をさらに追記します。その内容は，多くの場合，社会参画を意識した価値的な意味をもつ知識が示されています。
　以上のことを定められたフォーマットに即して記述すると「知識の構造図」が完成します。これを見ると，「知識の構造図」に配列された知識には学習の順序性があり，問題解決的な学習の展開と一体になっていることに気づきます。作成された「知識の構造図」をもとに，問題解決的な学習の指導計画を作成します。このことによって示された知識の習得・獲得が一層実効性のあるものになります。ここに「知識の構造図」を作成する最大の目的があります。

(3) 思考力・判断力・表現力との関連

① 知識偏重の授業を克服する

　「知識の構造図」の作成を強調すると，知識偏重の授業にならないかという指摘が出されます。知識だけを重視する授業は問題ですが，知識を軽視する授業でも困ります。「知識の構造図」に示された知識を教師が一方的に伝達し教え込んだとしても，子どもたちは決して納得して理解するまでにはなりません。言葉だけの理解にすぎないからです。時間がたてば，そのうち忘

れてしまうでしょう。前述したように「聞いたことは忘れ，見たことは覚え，しかし，行ったことは理解する」からです。

　子どもたちに知識を主体的に習得・獲得させるためには，学習そのものをアクティブなものにする必要があります。言い換えれば，問題解決的な学習を展開することです。仮に，教師が知識の内容をわかりやすく説明し，子どもたちがそれらを納得して理解することができたとします。しかし，社会科の授業に求められていることは，社会についての知識を理解させることだけではありません。観察や調査，資料活用の技能を身につけること，思考力・判断力・表現力などの能力をはぐくむこと，主体的に学習に取り組む態度を養うことも求められています。知識を習得させることだけが社会科の役割ではありません。

② 知識の習得・獲得の過程で思考力・判断力・表現力をはぐくむ

　問題解決的な学習を重視することを求めているのは，子どもたちが知識を主体的に学びとることができるようにするためだけではありません。知識を習得・獲得する過程で思考力・判断力・表現力といった，問題を解決するために必要な能力をはぐくむことができるからです。

　このことを実現させるためには，例えば次のような視点を重視して問題解決的な学習を展開します。思考力・判断力・表現力は，教師の意図的な指導によってはぐくまれるからです。

- 問題意識をしっかり醸成し，学習に対する目的意識をもたせること。（問題発見力）
- 予想したり学習計画を立てたりして，問題解決の見通しをもたせること。（問題解決の構想力）
- 子どもたちが協働的な学ぶ場を設け，集団で思考する機会を重視すること。（集団的思考力）
- 社会的事象を比較したり関連づけたりして，その意味や働き，特色な

- どを考える活動を位置づけること。（事実や事象の分析力）
- 学習成果を総合する（まとめる）場を設け，整理したり考察する活動を重視すること。（統合力，考察力）
- 地域や社会の課題に目を向け，その解決方法について考える場を設定すること。（思考力，判断力）
- 学習の過程において，特に書く活動（論述）や話す活動（議論）を組み入れるなど，言語などによる表現活動を重視すること。（表現力）

なお，「知識の構造図」については，次の２冊の拙著があります。合わせて参考にしていただきたいと思います。
- 『社会科学力をつくる"知識の構造図"—"何が本質か"が見えてくる教材研究のヒント』（明治図書出版，2011年）
- 『"知識の構造図"を生かす問題解決的な授業づくり—社会科指導の見える化＝発問・板書の事例研究』（明治図書出版，2015年）

③ 習得・獲得した内容から評価する

　子どもが思考力・判断力・表現力をどのように身につけたかを評価するためには，子どもが授業中に発言した内容，ノートやワークシートなどに記述した内容，それに授業中の表情やふるまい，行動や態度など，いずれも表現した内容や様子を対象にするしかありません。発言や表情などは授業中に把握することができ，その場で指導にフィードバックすることができます。評価が授業の進行と一体に行われるところに利点があります。ただ，発言などは一過性であったり，一部の子どもに限定されたりするところに課題があります。

　すべての子どもを対象に，しかもある程度の客観性をもたせるには，ノートなどに書かせる必要があります。これによって，評価の公平性も担保されます。ただこれにも，子どもが思考・判断したことがすべて表現されるか，書くという表現力の有無や違いが影響しないかという課題があります。

思考力・判断力・表現力を評価するとき，3つの能力を総合的に評価することにはそもそも無理がありそうです。学習活動や学習内容に即して具体的な視点を設けて評価することが実際的でしょう。ここでの「視点」には次の2つがあります。思考力・判断力に焦点を当てて考えます。

　1つは，「何を」考えているかということです。考えた内容を対象に評価します。例えば，「庄内平野の稲作は，機械化，共同化を進め，地域ぐるみで行われている」といった内容です。これは庄内平野の稲作の特色を考えた内容になっています。2つは，「どのように」考えているかという，考え方を対象に評価するものです。例えば，「庄内平野の地形や気候の様子を調べると，米づくりに適した地域であることがわかりました」といった内容で，稲作を自然環境と結びつけて考えていることです。関連的思考といってもよいでしょう。

　思考力・判断力・表現力の評価のあり方や方法については，第4章でさらに具体的に考えます。

第3章

「思考力・判断力・表現力」を鍛える教師の役割

―重視したい3つの方策―

　ここでは，前章の内容を受けて，思考力・判断力・表現力を鍛える指導方法について，次の3つの観点から具体的に検討します。

　まずは，教師の「発問・指示」です。これらの言葉かけには，子どもたちに思考や判断や表現といった活動を促す役割があります。発問は子どもたちの頭を刺激し，心をゆさぶる働きを発揮します。授業においては教師の発問なくして，子どもたちに思考力・判断力・表現力は鍛えられないといえます。

　次は，言語活動のうち，言語による表現活動の充実と思考力・判断力・表現力の育成との関連について考えます。従来から，思考力・判断力・表現力を育成するために言語活動の充実が求められてきました。しかし，言語活動を充実させることが目的化されている実態が一部に見られることから，改めて言語活動を充実させることの必要性やその指導方法について検討・整理します。

　最後に，思考力・判断力・表現力の育成と学び合いとの関係です。子どもたちは学級という「小さな社会」に帰属し，そこで学んでいます。このことは，教師との対話的な関係だけでなく，友だちとの相互の関係性が学習の質に大きな影響を及ぼします。両者には，とりわけ思考力・判断力・表現力の育成と深い関わりがあることを意味しています。

　これらは教師の姿勢や役割であったり，学級経営的な視点であったりします。必ずしも社会科固有の課題ではありませんが，社会科の授業においても重視したい事柄です。

1 思考や判断，表現を促す教師の発問・指示

(1) 発問と指示の役割

① 多様な教師の言葉かけ

　授業は教師と子どもたちとの「共同作品」です。授業では言語という道具を使って，読む，書く，聞く，話すといった言語活動を展開し，さまざまな情報が飛びかっています。授業での言語活動の中でも，特に教師の話す活動が重要です。研究授業などで参観者は教師の話す内容や話し方に注目しています。教師の話す活動は，授業の質を左右する大きな役割をもっているからです。

　教師は授業中に子どもたちにさまざまな種類の言葉をかけています。説明，解説，報告，助言などは，教師から子どもへの一方向の知識や情報の伝達という性格をもった言葉かけです。形態的には講義式の授業です。説明，解説，報告の内容にはやや教師の都合が優先されます。

　授業における教師の重要な役割として「発問」があります。発問とは問いを発して聞き出すことです。子どもの知識や経験など引き出す役割もあります。子どもに「指示」することがあります。指示とは行うべきことを指し示すことです。命令ほど強くはありませんが，これには子どもに行動や活動を促す役割があります。指示されたことに子どもたちが主体的に従うかどうかは別の問題です。

　発問や指示とは違った教師の言葉かけに「助言」があります。これは子どもの立場に立って言葉を添えて援助することです。子どもへのアドバイスです。子どもの主体性を尊重しつつ，子どもの活動はもとより，思考を促したり理解を深めたりするために助け船を出すことであり，支援の1つの方法です。特につまずいている子ども，学習が早く終わった子ども，見方を広げさ

せたい子どもなど，一人一人の子どもの学習状況に応じて発せられます。助言の内容は子どもの状態や課題を踏まえて，多くの場合その場で決定されます。助言は発問や指示と比べると，計画性に乏しいところに特色があります。助言は指導ほど強いニュアンスがありません。「指導・助言」と言い表すことがあります。

以下は，「国土の地形的特色」を例に言葉かけの違いを整理したものです。

> ・わが国の地形には，山がちだという特色が見られます。（説明）
> ・山地とは山の多いところで，山脈とは区別されます。（解説）
> ・国土の4分の3が山地が占めていることから，どのようなことが言えるか考えてみましょう。（助言）
> ・わが国の国土は地形の面からどのような特色がありますか。（発問）
> ・わが国の国土の地形の特色を地図帳で調べなさい。（指示）

授業において教師は意図的，無意図的に多様な言葉かけを行っています。子どもに思考力・判断力・表現力などの能力をはぐくむために，教師はどのような言葉かけをするとよいのかを考えます。

② 発問は子どもの思考や判断，理解を促す

発問には，子どもたちに思考・判断を促し，自分の考えをもたせたり，社会や社会的事象について理解を深めさせたりする役割があります。発問のことを「問い」ということもあります。一般に，小単元を貫く発問を「学習問題」，本時の中心発問を「学習のめあて（今日の学習課題）」などといわれています。授業において重要な位置を占めているのが発問です。

6年の「聖武天皇と奈良の大仏」の授業でのことです。研究授業の実施に当たって，どのように発問するか。悩みに悩み抜いて授業に臨んだことがあります。「聖武天皇はなぜ奈良の大仏を造ったのか」と問うたほうがよいか。それとも「聖武天皇はどのように奈良の大仏を造ったのか」と問うべきかと

いうことでした。歴史学習において「なぜ（Why）」という原因や背景を問うことは，子どもがもちやすい疑問ではありますが，問題解決が高度になりがちです。それに対して「どのように（How）」は小学校らしい発問です。

いずれにしても，教師の発する発問には授業の質を左右する重要な役割があり，十分すぎるくらい，吟味・検討される対象です。

発問には「疑問詞」を含めて表現されるという特色があります。なぜ，どうして（Why），どのように（How），どのような（What），誰が（Who），どっち（Which），どこ（Where）といった疑問詞（５Ｗ１Ｈ）を含めると，子どもの思考や判断が促され，理解が深まります。

スーパーマーケットを見学するとき，「働いている人の様子を見てきましょう」と問いかけるより，「働いている人たちはどのように仕事をしているだろうか」と問いかけたほうがよいでしょう。見学の視点が明確になるからです。疑問詞を含めて問いかけると，子どもたちは「たぶん，〜ではないか」「きっと，〜だろう」と予想し始めます。疑問詞に対して思考が働くからです。

③ 教師の指示は子どもに学習活動を促す

教師の指示とは，主に子どもたちの学習活動を促すものです。「教科書の○○ページを開けなさい」「自分の考えをノートにまとめましょう」「図書館に行って調べなさい」「調べたことをもとに，歴史新聞をつくりましょう」「飲料水の節水の仕方について話し合いましょう」などの指示は，調べ方やまとめ方など子どもたちが何をするのか，学習の仕方を指し示すときに多く使われる教師の言葉かけです。これによって，子どもたちは学習活動が促されます。

教師は指示することによって，子どもに表現の仕方を示し，活動を促すことができますから，表現力をはぐくむこととも関連しています。

子どもたちは教師の指示に従って動き出しますから，一見すると活動的な授業に見えますが，子どもの姿勢は受動的になりがちです。指示は教師主導

の授業で多く耳にします。指示によって子どもたちは適切な方向に動き出しますから，一概に悪いわけではありません。

　授業を参観して気になることは，教師の指示が多いことです。子どもに学習活動を指示しながら授業が展開されているため，授業者は指導者というより，授業の進行役，司会者のような印象を受けます。これには学習指導案の書き方にも原因があるのではないかと考えます。学習指導案に子どもの学習活動については順序よく計画されています。ところが，それぞれの学習活動をとおして何を学ばせたいのか，学習内容に当たる部分が必ずしもきちんと明記されていないからです。

　学習活動を指示することが多くなると，内容を定着させる発問や考えさせる発問が手薄になりがちです。発問と指示をバランスよく効果的に関連づけることがポイントです。学習指導案がマニュアル化されているところも気になります。

(2) 疑問詞で思考や判断，表現を方向づける

① 発問の類型と思考のタイプ

　発問に示されている疑問詞に目をつけると，教師の発問の類型と子どもの思考のタイプとの関係を次のように整理することができます。

　4年の「飲み水の確保」に関する学習を例にします。

●思考型
・市は，どうして飲料水を届ける仕事をしているのでしょうか。
・生活に必要な飲み水は，どこから来ていると思いますか。
・給水タンクは，どうして高台にあるのでしょうか。
・水源林，ダム，浄水場，給水池，家庭や学校はどのように結びついていますか。
・もし水道の水が家庭に来なくなったら，生活はどうなりますか。
●事実把握型

・水源の森にはどのような働きがありますか。
・浄水場では，川から取り入れた水をどのようにきれいにしているのでしょうか。
・水道の水は，どこでどのように使われているのでしょうか。

●選択型
・毎日飲んでいる水道の水は，川から取り入れた水ですか。それとも地下からくみ上げた水ですか。
・水のふるさとは，山，川，海，空のどこでしょうか。それとも他にあるのでしょうか。

●意思決定型
・飲み水を節約するために，自分にできることはどんなことですか。
・市民が節水すると，市に入る水道料金が少なくなるので困るという意見がありますが，あなたはこの意見に対してどう考えますか。
・飲料水を確保するために，川の上流にダムを造る話があります。これにあなたは賛成ですか，反対ですか。その理由は何ですか。

●学習方法決定型
・「水の旅」を調べます。ＤＶＤ教材とパンフレットのどちらを選びますか。
・飲み水はどこからどのように家庭にまで来ているかをまとめます。あなたはどのようなまとめ方をしますか。

　上記の発問にはいずれにも疑問詞が含まれています。子どもたちは疑問を意識すると，学習意欲を高めます。思考や判断が促され，その結果，社会的事象に対する理解を深めるようになります。

② 教師の発問・指示から子どもの問いへ

　発問や指示は教師から子どもたちに向けて発せられるものです。発問や指示によって発せられた情報は，教師から子どもたちへというベクトル（方向

性）をもっています。そこでの子どもたちはいずれも受動的です。

　子どもたちの実態を語るとき，たびたび「指示されたことには意欲的に取り組むが，自ら進んでやろうとはしない」「子どもたちは教師から指示されるのを待っている」など，指示待ちが指摘されてきました。

　こうした課題を解決するためには，教師が発問や指示を継続して連発しながら授業を展開していくのではなく，子ども自身が社会的事象と関わりながら疑問や課題などの「問い」をもつように工夫します。そのポイントは，既有の知識や見方では解釈できない「意外性のある出会い」の場をつくることです。意外性とは，事象間の「ズレ」や子どもの意識との「ズレ」のことです。

　子どもが問いをもつこと，自らを指示することは，子どもたちが自らの学習活動をつくっている姿であり，学習に主体的に取り組んでいる証しです。そこでは，主体的な学習態度が養われるとともに，理解力はもとより思考力・判断力・表現力などの能力がはぐくまれます。

(3) 発問と指示の構成

① 学びの質を深める

　「学びの質」とは，学習の進行とともに，理解していることや思考・判断したことを深めたり広げたりすることです。ここに授業の存在意義があり，教師の役割があります。学びの深まりや広がりをとらえるには，具体から一般へ，一面的な把握から多面的な把握へ，事実認識から社会認識へ，他人ごとから自分ごとへなどさまざまな視点があります。

　「学びの質（深まりのある学習）」を実現させるためには，発問や指示をどのように構成したらよいのでしょうか。ここでは，本時における発問と指示の構成について考えます。本時では，主な発問や指示が次のような順序で構成されます。1つのサンプルとして示しました。

①　〇〇（これから学習で取り上げる社会的事象など）について，どの

ようなことを知っていますか。

　　これは子どもの既有の知識や経験などを確かめるもの。子どもの実態を把握したり，これからの学習に興味・関心をもたせたりする役割がある。
② （本時の学習に関連する資料などを示して）これからどのようなことがわかりますか。

　　これは資料などから事実をとらえさせる発問。資料を関連づけて意外な事実や事象に出会うと，子どもから疑問や問題が出される。これらをもとに，「今日のめあて」が設定される。
③ まず，資料(1)を見て，わかることをノートに書きなさい。

　　これは，資料を読み取らせるための指示。これによって，子どもは資料を読み取り，その結果をノートに記述する。
④ ノートに書いたことを発表しましょう。

　　これは，発表することを促す指示。
⑤ 次に，資料(2)を見てみましょう。どのようなことがわかりますか。

　　これも③と同様に，資料の読み取りとノートの記述を促している。この後，④のように発表するよう促す指示がある。
⑥ このことはどうしてですか。このことから考えられることはどのようなことですか。なぜこのようになっているのですか，など。

　　これらは，資料などから見いだした事実をもとに思考を促すものである。見えたことから見えないことを考えさせる意図がある。
⑦ 今日の学習でどんなことがわかりましたか。「今日のめあて」に立ち返って，わかったことや考えたことをノートにまとめなさい。

　　これは本時の学習成果をまとめさせるための指示で，子どもの理解状況を確認することを意図して発せられる。

　本時には中心発問といわれる，本時の目標（ねらい）に結びつく発問があります。これが本時の「学習のめあて」になります。中心発問を発する前に

は，それにつながる補助発問を用意することもあります。

　45分間という限られた授業において，発問が大きすぎると，学習が高度になりがちです。子どもの思考や理解が拡散してしまい，深まらない結果になったり，全員の子どもが参加する授業にならなかったりします。一般に，子どもたちから多様な考えや考え方が出される発問が「よい発問」といわれています。逆に，発問が細かすぎると，子どもの思考が広がらなくなります。卓球のようにピンポン玉が行ったり来たりするような，教師と子どもの1対1の対話型の授業になってしまいます。教師の発問や指示を精選し，重点化するとともに，子どもの意識に沿って連続性と発展性をもたせることが肝要です。

② 発問と指示を効果的に組み合わせる

　子どもたちに思考力・判断力・表現力をはぐくむためには，まず事実を認識する段階を重視します。ここでは，いきなり「○○○○の資料を調べなさい」と子どもたちに指示し，自由に調べさせることもできますが，子どもたちに調べる力がついていないと，充実した調べる活動は成立しません。まずは教師が資料を提示して事実の読み取りを丁寧に行います。「この資料の○○に目をつけると，どんなことがわかりますか。わかったことをノートに書きなさい」と発問と指示をセットにして問いかけます。これによって，子どもたちは事実を読み取る活動とノートに書く活動を一体的に行います。できれば，資料の読み取りをとおして，疑問が生まれるように仕組んでおくとよいでしょう。

　例えば，スーパーマーケットの鮮魚売場の様子から「値段のつけ方を見ると，値段の1の位に8の数字が多いのはどうしてだろうか」「お店の人は，夕方になると，魚の値段を安くするのはどうしてだろうか」などの疑問が出てくると，それが本時の「今日のめあて」になることがあります。その後，めあての解決に向けて，学習が展開されます。

　発問だけでは知的な活動が多くなりますから，学習がはい回ったり，変化

に乏しい授業になったりすることがあります。一方、教師からの指示だけでは子どもたちは活動的になりますが、姿勢が受け身になりがちです。

　思考や判断を促し理解を深める発問と、子どもたちの学習活動を促す指示とを効果的に組み合わせながら授業を構成することが、思考力・判断力・表現力を鍛える重要なポイントだといえます。

③ 調べ、考える活動と表現活動を関連づける

　授業において思考したり判断したりする活動は、その場面が特定されるのに対して、子どもの表現活動は授業の開始と同時に始まり、常に授業の進行と一体に行われます。ここでの表現活動とは、書く、話すといった具体的な活動だけでなく、表情やふるまい、行動や態度などを指しています。なぜならば、学んでいることそのものが表現している姿であるからです。

　以上のことを踏まえたうえで、授業において書く活動や話す活動を意図的、計画的に位置づけます。例えば、資料から読み取ったことを書く（または話す）。考えたことを書く（または話し合う）場面を設けます。また、本時の終末には必ず書く活動を位置づけ、評価の対象として活用します。

　調べ、考える活動を促す発問や指示と、表現活動を促す指示を一体的に関連づけることにより、理解力や思考力、判断力とともに、表現力がはぐくまれていきます。

2 言語などによる表現活動をとおして鍛える

(1) なぜ，言語活動の充実なのか

① 「言語」のもつ3つの役割

　私たちが社会生活を営むために欠くことのできない重要な道具に「言語」があります。日本人の多くは日本語という言語（ことば）をもっています。「言語」には次のように，3つの重要な役割があります。

　1点目は，言語が人間としての人格を形成するために貢献しているということです。具体的には2つの側面があります。1つは，言語という道具をもつことによって，新聞や図書に書かれていることを理解することができます。相手が話したこともわかります。また，「どうしてだろうか」と考えるときや「どうしようか」などと判断するときにも，言語が使われます。そして，これらはすべて頭のなかで営まれます。言語は知的な活動を行うときになくてはならない大切な道具だといえます。

　2つは，言語には感性をとぎすませ，心を豊かにする役割があります。語彙力の豊かな人は，状況を目に浮かぶように表現します。言いたいことが思うように言えないときには，イライラすることがあります。

　このように，言語は，私たちが頭のなかで知的な活動をするための道具であると同時に，心のあり方とも深く関わっています。言語は人格形成に重要な役割を果たしているといえます。このことは，言語が自己の確立に大きく寄与していることを意味しています。

　2点目は，言語がコミュニケーションの道具としての役割をもっていることです。言語によって自分の考えを相手に伝えたり，相手の考えを理解したりすることができます。言語は他者との関わりづくりに貢献します。相互に理解し合うために言語はなくてはなりません。言語は周囲の人たちを元気づ

け，勇気づけることもできますが，逆に心に傷をつけてしまうこともあります。言語は諸刃の剣という性格をもっています。他者との良好な関係をつくるためには，言語の望ましい使い方を身につける必要があります。

　3点目は，言語が社会の形成と深く関わっていることです。言語は人間だけがもっている道具です。多くの国や地域には公用語といわれる共通言語があります。もちろん複数の言語が使われている場合もあります。社会生活を営んでいるさまざまな人たちとともに生きていくためには，言語を介してコミュニケーションを図り，よりよい社会の形成に知恵を出し合うことが求められます。言語は社会参画，社会貢献するためにも必要かつ重要な道具です。社会の形成者としてよりよく成長していくためには，言語に関する能力を身につけることが不可欠だといえます。

　社会科の授業づくりに当たっては，こうした言語のもつ基本的な役割をまず確認しておきたいものです。

②　社会科の目標実現とつなげる

　授業づくりは，教師と子どもたちとの言語による共同作業です。教師も子どもも共に，読む，書く，聞く，話すといった4つの言語活動を行っています。言語によるやりとりをとおして授業が成立しています。それぞれの活動に軽重はありますが，社会科の授業においても例外ではありません。

　「言語活動の充実」が求められると，つい言語活動に目がいき，言語活動を充実させることを目的にしがちです。そもそも社会科の授業においては，言語活動を充実させることにどのような意味があるのでしょうか。次の3つの観点から考えることができます。

　1つは，言語活動を充実させることによって，社会認識を深めることができることです。社会科の授業では，文書や写真，グラフなどの資料が不可欠です。授業は資料を読み取りながら進められます。読み取ったことや考えたことはノートに記述されます。それらは友だちとの間で交流されます。授業は言語活動と一体に展開され，子どもたちは社会認識を深めていきます。

2つは，社会についての知識を習得・獲得する過程で，思考力・判断力・表現力など問題解決に必要な能力をはぐくむことができることです。問題解決的な学習では，調べることだけでなく，調べたことをもとに考えたり，それらをノートに記述したり話し合ったりすることが重視されています。ただ，子どもが問題意識をもって取り組まなければ，これらの活動に取り組んでも，思考力・判断力・表現力が育つまでには至りません。子どもたちには主体的に学習に取り組む態度が求められます。

　3つは，社会や社会的事象に対して，興味・関心や社会的な態度を養うことができることです。言語活動はそれ自体が主体的な取り組みです。学習対象に対しても意欲的に関わり，興味・関心を高めます。社会や社会的事象と自分との関わりを意識し，自分ごととしてとらえるようにもなります。言語には社会的事象を相互に関係づけるだけでなく，学習者である子どもと社会的事象とを結びつける役割があるからです。

　これらを総合すると，言語活動は社会科の教科としての学力をつけるために大きく貢献することがわかります。

③　思考力・判断力・表現力の育成との関連

　これまでの学習指導要領総則には，「指導計画の作成等に当たって配慮すべき事項」として，次のような記述がありました。授業において言語活動を充実させる根拠となっていました。

> 　各教科等の指導に当たっては，児童の思考力，判断力，表現力等をはぐくむ観点から，（中略）言語に対する関心や理解を深め，言語に関する能力の育成を図る上で必要な言語環境を整え，児童の言語活動を充実すること。

　これまでも，授業において言語活動を充実させる目的は，子どもに「思考力，判断力，表現力等をはぐくむ」ことにあると示されてきました。では，

言語活動を展開することが思考力・判断力・表現力の育成と，どのように関連しているのでしょうか。

　読む活動と聞く活動は，知識や情報，考えや考え方などを知り，理解するために行われます。その結果，自分の考えをより確かなものにすることができるようになります。読む・聞く活動を単なる情報収集のための活動としてとらえると，思考力・判断力・表現力と直接結びつきません。自分の考えと比べるなど，既有の知識や考えや考え方などとつなげて読んだり聞いたりすることによって，また読んだり聞いたりして得たことをもとに考えることによって思考力や判断力がはぐくまれます。収集したことを話す活動や書く活動と結びつけることによって表現力がはぐくまれます。

　一方，書く活動や話す活動は，知ったことや理解したこと，考えたことなどを表現するものです。書いたり話したりするためには，そのための内容が不可欠です。資料などからわかったことだけでなく，思考，判断したことを書いたり話したりするように促すことによって，思考力・判断力・表現力がより直接的にはぐくまれます。

　以上のことを関係図に表すと，下記のようになります。

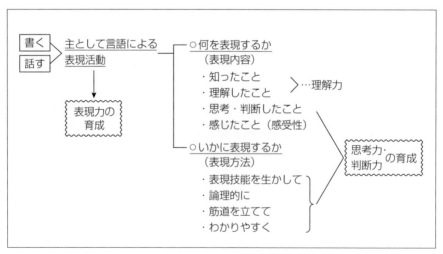

図10　言語活動と思考力・判断力・表現力との関係

(2)「話す活動」で思考力・判断力・表現力を鍛える

① 社会科授業に見る「話す活動」の改善点

　私が参観する社会科の授業には,ほとんどに「話す活動」が位置づいています。学習指導案にも「～について話し合う」と計画されています。授業を第三者に「見てもらう」ことを意識しているからでしょうか。ただ,授業を参観していて,子どもの発言の内容や仕方に関して気になることが多々あります。それらの多くには,教師の話す活動のあり方が反映されています。

　ここでは子どもに焦点を当てて,発言に見る問題点を整理します。問題点は,今後改善したい事項でもあります。

●**発言の量**
- 教師が一方的に話すことが多く,指名された子どもは時々単発的に発言する程度である。
- 教師の発問と子どもの発言が,卓球のピンポン玉のように1対1の対応になっている。
- 1つの発問に対して多くの発言が出されるとき,子どもの意欲的な姿勢を感じる。発言の数は多いが,発言の内容が相互に結びついていない。
- 子どもによる相互指名を取り入れた授業では,発言数は多いが,内容に深まりが見られない。発言者が偏っている。

●**発言の質**
- 資料などから見いだした事実を発言することでとどまり,自分の考えや考え方を述べる子どもが少ない。
- 学習問題に対して予想するなど,自分の考えを述べるときに,その根拠や理由を明確にしていない。
- 発言の内容が単語だったり,短文で終わったりしている。つなぎ言葉を使った,重文や複文になっていない。

・発言と発問の間に関連性や発展性が薄く，子どもの理解や思考の深まりを感じることが少ない。

●**発言の関係性**
・子どもたちは教師に話すという姿勢が強く，友だちとの関わり合いを意識しているようには見えない。
・子どもの発言の冒頭に「賛成」「反対」「つけたし」「質問」など発言をつなげる言葉が聞かれない。
・学習指導案などには「話し合う」と記述されていても，単なる意見の表明や発表に終わっていて，話し合い（討論）になっていない。

●**教師側の問題**
・子どもから多様な考えを引き出そうとする意図が見られない。十分吟味された発問ではないようだ。
・発問ごとに考えさせたいこと，発言させたいことなどがしっかり押さえられていない。
・子どもに発言のさせっぱなしで，教師が意味づけや方向づけ，評価を行っていない。
・論点を整理したり話し合いを組織化したりする観点から，子どもの発言の内容を関連づけ，子どもを意図的に指名していない。指名のあり方は子ども理解の深さと関係しているのではないか。

　社会科授業において「話す活動」を充実させ，社会科の目標を実現させるとともに，思考力・判断力・表現力の育成に結びつけるために，これらの問題点を一つ一つクリアしていきたいものです。

② 「話し合い（討論）」の教育的な意義

　ここでいう「話し合う」とは，あるテーマに対して，まず各自が自分の考えをもち，それを出し合って，「討論する」ことです。発表，報告，説明，表明など一方向の意味の活動ではありません。

このような「話し合い活動」には、次のような２つの教育的な意義があります。これらは話し合う目的でもあります。
　まず１つは、友だちから多様な考えを聞いて、自分の考えをより確かなものにするためです。これは一人一人において個別に営まれますから、「個人思考」といわれ、自分の考えを確立させることをねらいにしています。「個の確立」を図るためです。個人思考させるときには、話し合う前に自分の考えをしっかり確立しておく必要があります。話し合った後、当初の考えがどのように変化・変容したのか、それはなぜなのかを確認させます。それらの内容をノートなどに記述させると、理解や思考の変容を自覚させることができます。例えば、「話し合う前には、〇〇〇〇と考えていました。でも、△△さんなどの意見を聞いていると、□□□□と考えることも大切であることに気づきました」のように学習の足跡が書かれるようになることを期待したいものです。
　いま１つは、多様な考えを出し合い、みんなでよりよい考えをつくり出すためです。これは「協働的で、創造的な営み」です。そのためには、単なる発表や報告ではなく、議論・討論することが求められます。こうした活動は従来から「集団思考」といわれてきました。
　ここでは、子どもたちが互いに認め合い、支え合い、学び合いながら学習を深めていきます。多様な考えや考え方を調整する能力も必要です。そのためには、学級に信頼できる人間関係がつくられ、支持的な風土が醸成されていることが前提になります。こうした趣旨の話し合い活動（討論活動）をとおして、子どもたちに社会生活を営むうえで求められる資質や能力が養われていきます。
　話し合い活動を取り入れるときには、「何のために」話し合うのか。その目的をまず明確にし、意図的に取り入れるようにします。できれば、そのことを子どもたちにも事前に伝え、目的意識をしっかりもって話し合い活動に取り組ませます。

③ 「話し合い活動」充実のポイント

　話し合う場面では「発表する」とか「交流する」などといわれています。しかし，ここでいう話し合うとは意見などを一方向に伝達することではありません。互いに伝え合うことでもありません。こうした活動では，表現力は身についても，思考力や判断力の育成には必ずしも結びつきません。

　社会科において話し合い活動をとおして，思考力・判断力・表現力をはぐくむためには，次のようなことに留意します。これらは話し合いの基本的な順序でもあります。

---

① 何について話し合うのかを明確に設定する。

　話し合いのテーマを明確に示さなければ，子どもは自分の考えをもつことができない。テーマは発問や指示のかたちで示されることもある。テーマは「ごみの始末の仕方について話し合いましょう」よりも「ごみを減らすためにはどのような決まりをつくったらよいでしょうか。話し合いましょう」のほうがよい。話し合いがより焦点化するからである。

② 話し合う前に，自分の考えをもたせる。

　テーマを設定した後すぐに話し合うのではなく，まず自分の考えをしっかりもたせる。直観的に考える子どももいれば，時間をかけてじっくり考える熟慮型の子どももいる。必要があれば，資料に当たって調べる時間をとる。ノートに記述させることも大切である。

③ 自分の立場を明確にして発言させる。

　まず結論を述べてから，自分の考えを説明させることもある。ここで重要なことは，前に発言した子どもの内容に，自分は「賛成するのか」「反対なのか」「質問したいのか」，あるいは「他の意見を言いたいのか」，つなげて発言するように促すこと。このことは自分の立場を明確にさせることでもある。ここでは，多様な考えが出されるように，また論点が明確になるように，教師は意図的に指名していく。こ

> れは話し合いを組織化することであり，教師の子ども理解と臨機応変な対応力が問われる。ここでは，子どもたちの多様な考えや考え方を構造的に板書し，話し合いの内容や論点を見える化するとよい。
> ④ 話し合いの結果のまとめをする。
>   話し合いの終末では，どのような考えに至ったかを整理させる。自分のはじめの考えがどう変わったか。それはなぜか。あるいは，全体としてどのような考えにまとめることができるかを考えさせる。まとめさせ方は話し合いの目的によって違ってくる。

④ 話し合いのルールをつくる

「話し合い活動」を充実させるいま１つのポイントは，話し合いのルールを確立させておくことです。これは，話すとき，聞くときの学習ルールでもあります。例えば次のような事項を指導します。

> 【話すときのルール】
> ・手を挙げて，意思表示する。考えの内容を指で合図する，ハンドサインをさせることもできる。
> ・指名されてから発言する。
> ・できるだけ，直前に発言した内容につなげて発言する。
> ・友だちに向かって話をする。
> ・最後まで，きちんと話し終える。
>
> 【聞くときのルール】
> ・話を始めたら，周囲での話をやめる。
> ・発言する人に顔を向けて誠意をもって聞く。
> ・発言に対して，納得したときや疑問に思ったときには，小さくつぶやいてもよい。
> ・発言は最後まで聞く。

・発言を聞きながら，発言した内容に対して自分の考えをもち，発言の準備をする。

これらのルールは社会科の授業だけで生かされるものではありません。あらゆる教科等の授業で取り入れることによって，子どもたちに定着されていきます。学級担任が代わったとき，また違ったルールになると，子どもたちが混乱します。できれば，学校として共通の学習ルールが確立しているとよいでしょう。

(3) 「書く活動」で思考力・判断力・表現力を鍛える

① 社会科授業に見る「書く活動」の改善点

社会科の授業にはノートが用意されています。担任が特別にワークシートを作成することもあります。45分間丸ごと話し合っている場面に出会うこともありますが，多くの授業には必ず書く場面が位置づいています。

子どもの書く活動を観察していて，思考力・判断力・表現力をはぐくむことを考えるとき，ノート指導を意図的に行っている学校や学級を除いて，次のようなことが気になります。文字が乱れている。習った漢字が使われていない。誤字が多い。鉛筆の持ち方が不自然であるなどは例外です。ここでは対象にしません。

まずは，板書されたことをそのまま写しているノートが多いことです。教師が赤いチョークで書くと，子どもたちは一斉に赤鉛筆で書きます。どの子どものノートも同じ内容です。子どもが自ら思考・判断したことを書く子どもはほとんどいません。書き写してはいますが，子どもに表現力が身についているとは感じられません。

次は，単なるメモ程度の内容を書いているノートが見られることです。ノートに書かれたことに何の脈絡もありません。教師が指示したときだけ記述しているからです。本時のめあてすら書かれていませんから，あとで何を書いたのかを読み返したり，何のために書いたのかを振り返ったりしたとき，

書いた内容を理解することはできないでしよう。

　さらに，ノートの書き方が指導されていないことにも気づかされます。ノートには学習の足跡を残し，思考や理解を深めるという役割があります。にもかかわらず，指導が十分行われていないのではないかと思われるノートに出会うことがあります。

　思考力・判断力・表現力の育成とノートに「書く活動」との関連を考えるとき，ノート指導のあり方にポイントがありそうです。内容をどう構造的に記述するかということは，思考力・判断力・表現力の育成につながるからです。そういえば，「ノートを上手に作成する大学生は学力も高い」ということを耳にしたことがあります。

② 「書く活動」の教育的な意義

　授業においては，必ず書く活動が位置づいています。それには，次のような教育的な意義があるからでしよう。

　まずは，書く当事者にとっての意義です。書く活動が成立するためには，書くための内容を習得していなければなりません。内容とは社会科の学習成果であり，自分の考えです。板書や教科書の内容を視写するのではなく，自力で書く場合には，これまでの学習で理解したことを確認するだけでなく，思考・判断する行為が伴います。書く際には，何を書くか。どのように構成するか。どこを重点に書くかなどを考えます。書くことは考えることだといえます。

　子どもたちは書きながら，あるいは書くことによって，これまでの学習成果を確認し，学習に対して成就感や達成感を味わうことができます。あとで読み返すことによって，自らの学習の足跡を振り返ることができます。

　次は，書いたものを教師や友だちなど周囲の人たちが見たり読んだりすることの意義です。教師はノートを見て，その子どもの学習状況を理解し，つまずきを発見することができます。結果は子ども理解に役立てるだけでなく，学習状況を評価するための重要な手段としても活用することができます。授

業中の発言と違って、どの子どもも公平に、かつ客観的にとらえることができます。発言は一過性ですが、書いたことは結果が残りますから、教師がその後の指導や評価に生かすことができるという利点があります。

　ノートなどに書いたことは子どもが相互に見合うことができます。学び合いの「教材」として、また子どもたちの相互評価の「材料」として活用することができます。

　書く活動には、こうしたさまざまな意義があることを押さえて、社会科の授業で書く活動の充実を図りたいものです。

③ 「書く活動」充実のポイント

　日常の授業において、子どもの「書く活動」を充実させるポイントは、ノートの記述にあります。授業の進行に合わせて、書く活動を促します。学習を問題解決的に展開するとき、ノートも同じように問題解決的に構成させます。

　次ページの図は、ノートの構成例です。高学年を想定しました。ノート指導をとおして書く活動を充実させるとき、1つのモデル（型）を示すことによって、子どもたちはイメージをもつことができます。

　これを見ると、左ページの上に「学習のめあて」を書かせ、右ページの下に向かって記述していくようになっています。

　思考力・判断力・表現力の育成を充実させるためには、ノート指導において、特に次の2つの場面を重視します。これは問題解決的な学習における指導のポイントでもあります。

　1つは、今日の「学習のめあて」を設定した後、調べる前にまず自分の考えを書かせることです。一般に「予想する」といわれています。「学習のめあて」に「疑問詞」が含まれると、予想しやすくなります。ここでは予想したことに対して、既有の知識や見方などをもとに根拠を付け足すようにします。根拠を説明したり理由づけしたりすることは既有の知識や見方などを活用することですから、思考力や判断力をはぐくむことにつながります。根拠

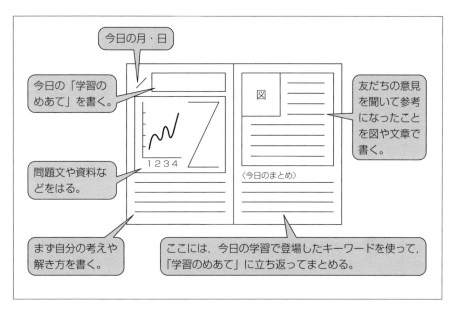

図11　ノートの構成例

のある予想をわかりやすく書くことは、確かな表現力をつけることにほかなりません。

　時間的に余裕があれば、予想の確かめ方を考えさせることもできます。ここでは、予想したことと調べることとの関連的な思考や、調べ方を決める際に構想力や判断力が求められます。授業がいたずらに高度にならないよう、子どもたちの実態を見極めて、取り入れるかどうかを判断します。

　いま1つは「今日のまとめ」を書かせることです。教師がまとめてしまうのではなく、子ども一人一人にまとめさせます。まとめさせるとき、単なる学習感想を書かせるのではなく、板書されている今日の「学習のめあて」に立ち返って、今日の学習でわかったことや考えたことを書かせます。本時の授業で登場した重要語句（キーワード）を2～3個示す方法もあります。「友だちの名前を一人書き入れなさい」と指示すると、友だちとの学び合いを意識して書くようになります。

④ 長文を書かせたい

　学習のまとめ（学習成果）を書かせるとき，いま１つ重視したいことは，できるだけ長文で書かせることです。400字の原稿用紙で６枚から20枚程度，子どもの能力や発達段階に応じて決定します。長文で書かせることには，書くこと（内容）をしっかり吟味させること（理解力），自分の考えをもたせること（思考力），文章の構成を考えさせること（構想力や判断力），そして筋道を立てて論述すること（論理的な思考力，表現力）など，多様な学習活動や能力が関連的，総合的に発揮されるからです。

　あるテーマについて長文で書くことによって，子どもたちは理解したことを再確認するだけでなく，確かな理解力や思考力・判断力・表現力などの能力をはぐくむ重要な機会になります。長文で書かせる場面は単元末や学期末や学年末など，一定のまとまった学習が終了した時点がよいでしょう。国語科の授業と関連づけたり，家庭学習に委ねたりする方法もあります。年間に２～４回程度計画します。

　見学，調査したり資料などで調べたり，さらには話し合ったりすることと比べると，書くという言語活動は一見静的に見えますが，一人一人の子どもの頭や心の中はアクティブになっています。

3　友だちとの学び合いをとおして鍛える

(1)　「学び合い」で思考力・判断力・表現力を鍛える

① 「学び合い」は学校ならではの学習スタイル

　学習のスタイルには「学び」と「学び合い」があります。前者は個別に展開され，後者は友だちとの関係性の中で成立します。一人で学ぶことは，家庭でも行うことができます。しかし，後者のようなみんなで学ぶことは，学校ならではの学習スタイルです。

　思考力・判断力・表現力が鍛えられる過程において重要な役割を果たすものに，外部からの働きかけがあります。子どもたちは外的な刺激や影響を受けながら成長していきます。例えば，教師の指導（教材の提示や発問・助言など）や友だちからの影響です。特に友だちと学び合うという活動は，自らの考えや考え方を広げたり深めたり，さらに見直したり自己評価したりする場になります。

　思考力・判断力・表現力といった能力は，一人一人の内面において個別に育っていくものです。思考したり判断したりする知的な営みは一人一人において展開されます。表現することも一部に共同作業やグループワークなど小集団で行われることもありますが，多くは個別に行われます。

　「三人寄れば文殊の知恵」といいます。ことわざ辞典によると，「凡人でも3人集まって考えれば素晴らしい知恵が出るもの」と説明されています。たとえ稚拙な考えであっても，ああじゃないか，こうじゃないかといろんな考えや考え方を出し合うことによって，それまでには思いつかなかった，よりよい考えが生み出されるということでしょう。

　思考力・判断力・表現力をはぐくむためには，日々の授業において「学び合う場」を意図的に設けます。具体的には，例えば，あるテーマにもとづい

て話し合うこと，調べたことや考えたことなどを発表し合うこと，グループや学級で討論したり1つの作品をつくったりするなど協働的に取り組むこと，友だちの発言や作品を相互に評価し合うことなど友だちと関わり合う場を設けます。

②　「学び合い」はコミュニケーションそのもの

　「学び合い」とは，一方だけが学び取ることではなく，双方が学びの価値を得ることです。互いに相手の姿を見て学び合うこともできます。雰囲気を察して学び合うこともあります。しかし，ここで最も重要になるのは，主として言語によるコミュニケーションです。「学び合い」とはコミュニケーションそのものであるといえます。コミュニケーションとして成り立つためには，各々が勝手に発言するのではなく，発言をつなげる努力が求められます。発言の仕方に，学び合おうとする子どもの心情が投影されるからです。

　次の発言は，自然環境を保護・活用している小笠原諸島についての学習を想定した場面です。小笠原の父島に飛行場をつくるか，否かについて議論しています。次のような意見のやりとりを期待したいものです。

K男：小笠原の豊かな自然について調べて，ぜひ小笠原に行ってみたいなと思いました。でも，今は船でしか行けません。しかも，25時間以上もかかります。小笠原に飛行場をつくろうという話が出ているそうです。早くできるといいのになと思いました。

A男：僕も賛成です。観光客が増えると，島の民宿やお土産屋さんも収入が増えて，生活が豊かになるのではないでしょうか。

N子：飛行機は速くて便利だけど，小笠原にたくさんの観光客が行くようになったら，島の環境が汚されないかと心配です。

A男：島の人の生活を便利にするには，飛行場が必要ではないですか。

N子：飛行場をつくって便利になると，観光客が増えて島は潤います。その結果，島の自然が破壊されると，島に来る観光客は減っていく

> のではないですか。すると，島の人の生活はどうなりますか。
> K男：飛行場をつくると，観光客は楽に行けるようになりますが，環境のことが心配です。はじめは飛行場をつくればよいと簡単に考えていました。みんなの意見を聞いたらわからなくなってしまいました。

　学び合いによって，子どもの思考や判断が深まっている1つの場面といえます。K男は，これまで簡単に結論を出していたことに対して，「わからなくなった」と言っています。これは思考や判断の深まりの一側面です。

　K男が思考し判断した内容は，発言することによって，教師も含めて周囲の子どもたちが理解できます。思考し判断する活動が表現活動と一体に行われていることがわかります。コミュニケーションによる「学び合い」とは，単に考えを述べ合ったり，伝え合ったりするだけではありません。自分の考えや考え方の変容を確認することです。具体的には「これまでの自分の考えに確信をもった」「これまでの考えが変わった」「わからなくなってしまった」などの発言の内容から，教師や友だちは考えが変容した状況を確かめることができます。

③　友だちから刺激を受ける

　学び合うことと思考力・判断力・表現力をはぐくむこととの関係性を検討するとき，友だちの発言内容にそのポイントがあります。友だちの発言を聞いて自らの考えや考え方が揺さぶられたときや，ズレや矛盾を感じたときには，再度思考したり判断し直したりする必要性に迫られることがあります。これも思考や判断の深まりの一場面です。友だちという他者から刺激されると，思考や判断が促されるからです。ここにも，学び合うことの意義があります。

　次は，明治維新の学習後に，K子がノートに記述した内容です。

> 　明治維新を学習して，日本は欧米に学びながら近代化したことがわか

> りました。でも，M子さんの「文明開化したのは服装や食べ物など外見だけだった」という発言を聞いて，当時の人たちの心や頭の中までは近代化していなかったのではないかと考えるようになりました。

　K子は，M子の「外見だけだった」という発言に誘発されています。K子は初め，近代化の実相に対して，外見や見た目から判断していました。K子はM子の意見を聞いて，人の心（意識）や頭（考え）にも目を向け，これまでの見方や理解の仕方を変えています。より深くとらえるようになったことがわかります。

　学び合うことの意義は，他者である友だちの意見に刺激を受け，自らの考えや考え方を変容させることにあります。思考力・判断力・表現力をはぐくむためには，学級の中で学び合い活動を展開することが不可欠だといえます。では，その学び合う場をどうつくるか。次に検討します。

(2) 「学び合い」の場をどうつくるか

① 共通体験と共通の問題意識

　子ども一人一人はそもそも多様な存在です。そして，学習はそれぞれの子どもにおいて個別に成立しています。まさに，色鉛筆のように「十人十色」です。それぞれに持ち味があり，存在価値があります。友だちと学び合うとは，友だちの意見（考えや考え方）の「違い」に学ぶことです。このことを前提にすると，「学び合い」を考えるとき，次の３つのステップが基本になります。

> ① 友だちと自分，友だち相互の意見の「違い」の存在に気づく。
> ② 意見の「違い」の内容や背景を理解する。
> ③ 意見の「違い」に学び，自分の考えをより確かにする。

　これらは学び合いのプロセスでもあります。「学び合い」の場を設けると

きには，子どもたちが互いに違いを認め合うことがポイントです。そのうえで，子どもたちを共通の土俵にのせます。「共通の土俵」とは，共通体験を味わわせることであり，共通の問題意識をもたせることです。

単元（小単元）や本時の導入場面では，共通の資料を読みとるという共通体験をとおして，共通の疑問や課題をもたせます。提示する資料は，子どもたちにとって意外性があるものが効果的です。既有の知識や見方では解釈できない事実と出会うと，生み出された疑問や課題を共通に意識するようになります。こうした場が「学習の連帯感」を生み，その後の学び合いの基盤にもなります。

また，子どもがもった疑問や課題をもとに学級としての学習問題を設定し，学習問題に対して予想することを促すことによって思考や判断が誘発されます。予想したことをもとに議論することによって，思考力・判断力・表現力をはぐくむことができます。

② 一人一人のよさや個性を生かす

先に学習は個別に成立することを述べました。また，子どものわかり方や思考・判断の仕方や内容は多様であることについても触れました。このことは，授業において子ども一人一人のよさや持ち味など個性を生かすことによって，「学び合い」がさらに深まることを意味しています。

子どもの個性的な考えや考え方を「もう一つの教材」として生かすことによって，他の子どもたちの思考や判断が促されます。子どもたちの思考や理解は相乗効果を発揮して高まっていきます。

次のような事例があります。明治維新の頃に起こった主な歴史的事象を調べた後に，Ｓ男が描いたイラストとその説明です。文章とイラストはその頃の時代のイメージをＳ男なりに表現したものです。

> 明治維新とは、たらいに赤いインクをスポイトで垂らした状況です。インクは外国から仕入れたものです。インクの色は、水面に広がります。すぐに中までしみこんではいきません。はじめのうちは、表面だけの「文明開化」だったと思います。たらいの水すべてに色がつくまでにはまだまだ時間がかかったのではないかと思います。

このような考えをもち表現したのは、30人中S男だけです。ここには、S男らしい考えとその表現の仕方が見られます。明治維新という世の中の特色をS男なりに考え出した、創造性豊かな1つの「作品」です。これは思考の成果だと考えます。これを「1つの教材」として子どもたちに提示します。S男に説明させることによって、子どもたちは新たな考え方を学ぶことができます。S男は説明する力を身につけ、充実感を味わいます。

(3) 「学び合い」は相互評価、自己評価すること

① 子どもの発言に見る相互評価の姿

子どもたちが学び合っている姿はお互いに「評価」していることの表れです。そこでは、1つは友だちの発言内容に対する評価であり、いま1つは自分の考えの評価です。前者は相互評価であり、後者は自己評価です。

まずは、相互に評価し合っている「学び合い」についてです。相互評価の姿は、次のような発言に見ることができます。

> - ○○さんが考えたことはとてもよいと思います。理由は、○○○だからです。(よさの確認)
> - ○○君が発言したことには、ちょっとおかしいところがあります。それは○○○だからです。(課題の指摘)
> - ○○君の考えに、○○○であることを付け加えたいです。(内容の追加)

> ・○○さんの疑問は，図書館ではなく，お店に行って調べたほうがよくわかるのではないかと思います。（調べ方の提案）
> ・○○さんの発言内容に，○○○であることを付け加えると，もっとよくなると思います。（内容の提案）

　このように，子どもが相互に評価し合うことは，学び合っていることそのものです。上記のようなよさを確認したり課題を指摘したりするほかに，学習内容を追加したり，調べ方など学び方を提案したりする視点があります。
　こうした視点の発言を授業の中で発言させることによって，学び合いが充実し，思考力・判断力・表現力の育成につながります。

② 「学び合い」をとおして自己評価する

　次に自己評価についてです。学び合う場は，自分の考えをより確かなものにするために機能します。先に「個人思考」という言葉を用いました。ここでいう自己評価とは，学び合いをとおして，より確かな考えに高め，自己の確立を図ることです。こうした趣旨から学び合いの価値を整理すると，次のような視点が考えられます。

> ・自分の考えを再確認すること。
> 「やはりそうだったのか」「これまでの考えは間違っていなかった」「これまでの考えには少し足りないところがあったな」など。
> ・新しい見方や考え方に気づくこと。
> 「これまでの考えに○○さんの考えを付け加えよう」「そのような見方や考え方にはまったく気づかなかったよ」「見方を変えると，違った考えになるよ」など。
> ・次の課題に気づき，挑戦すること。
> 「さらに□□□□についても詳しく調べてみないといけないなと思いました」「□□□□という新たな疑問が生まれました」など。

自己評価という営みは一人一人の内面で展開されます。それは，理解したことだけでなく，思考・判断したことも対象になります。特に思考や判断の深まりや変容を意識させることによって，学び合いの価値に気づかせることができるだけでなく，思考力や判断力の育成につながります。自己評価した内容は，子どもによる自己表現活動によって，教師など第三者が理解できるようになります。そのためには，学び合いの成果を上記したような視点から発言させたり記述させたりします。相互評価と同様，自己評価も表現活動と一体に行わせることがポイントです。

③　他者の考えと比較・関連づけて自らの考えを深める

　相互評価や自己評価にはものさしである基準や視点があります。評価規準や評価の視点は子どもの側にあります。教師側にありませんから，教師の設定した評価規準や評価結果とズレる場合もあります。
　また，学び合う場では，自分の考えと友だちの考えとを比較したり，関連づけたりする操作を行っています。例えば，次のような方法です。

> ・自分の考えと友だちの考えとの違いや共通点に目をつけて考える。（比較思考）
> ・自分の考えと友だちの多様な考えを関連づけて，関係性や傾向性などを考える。（関連思考）
> ・自分の考えと友だちの考えをまとめると何が言えるか，特色や傾向性などを考える。（総括的思考）

　このような方法はものの見方・考え方でもあります。思考・判断するときに生かされます。社会的事象の意味や特色などをとらえるときにも必要になります。子どもたちはものの「見方・考え方」を習得し，必要な場面で必要な見方・考え方を働かせることで，社会や社会的事象に対する認識を深めていきます。

第4章

「思考力・判断力・表現力」をどう評価するか

―問われる教師の観察力，洞察力―

　子どもたちをどのように指導すれば，子どもたちに「思考力・判断力・表現力」がはぐくまれるのかが，いまだに明確になっていないように，その評価についても十分な方法が開発されていないのが現状です。

　しかし，実際には，通知表や児童指導要録に「思考・判断・表現」の観点が位置づけられていることから，既に実施されています。これでよいかと悩みながら，不安なままに評価しているのが実態でしょう。「知識・理解」の観点とはその性格が根本的に違うにもかかわらず，同様なものとして受けとめ，同様な方法で評価しているのが現状です。

　本章では，まず，観点「思考・判断・表現」の評価について，これまでどのように評価されてきたかを整理し，どこに問題があるのか，問題や課題の所在を明らかにします。学校現場で実施されている「思考・判断・表現」に関わるペーパーテスト問題についても検討します。

　次に，思考力・判断力・表現力の評価をどのように考え実施したらよいのか。これまでのどこをどのように改めたらよいのか。評価方法の新しい考え方を検討し，筆者の考えを提案します。

　最後に，ペーパーテストに焦点を当てて，新しい発想による評価問題例を学年ごとに紹介します。各学校での問題作成のヒントになればと考えています。

　評価方法が変わると，授業が変わるともいわれてきました。本章は，授業改善の視点という性格をもった内容でもあります。

1 これまでどう評価されてきたか
― どこに問題があるのか ―

(1) ある教師の悩みから

① 「評価の観点にはあるが……」

　社会科においては，これまでも評価の観点の１つに「思考・判断・表現」が位置づけられてきました。これは目標に示されている考える力や表現する力を受けたものです。「思考・判断・表現」はこれまでも評価のあり方や方法について四苦八苦してきた観点だといえます。多くの教師からは，次のような思いや悩みを聞くことがあります。いくつかを紹介します。

> ○「思考力や判断力が育っているかどうか」ということは，「知識を身につけているかどうか」のように，その姿が目に見えません。授業中の発言を聞いて面白い考えだなと思ったり，考え方がユニークだと感じたりすることがありますが，それらの子どもはごく一部です。それらは，時間がたつと忘れてしまうことがあります。評価の公平性や客観性の面から問題点を感じています。
> ○思考力と判断力と表現力の３つを一括して総括的に評価し評定することは難しいです。子どもを観察しての経験則ですが，知識のある子どもや理解力のある子どもは，思考力や判断力，表現力も高いように感じます。他の観点の結果を参考に評価しているところがあります。
> ○表現力を評価するとき，どうしても表現した物（作品）の出来映えや見栄え，作品の丁寧さなどで判断してしまうことがあります。また，作品にまとめさせた「物」を評価するなど，作品主義，結果主義になっていることが気になっています。

いずれも深刻なものばかりです。「思考・判断・表現」の評価において公平性や客観性を保つことはできるのでしょうか。

② 「思考と判断の区別ができない」

思考力と判断力の両者を一体的に評価するようになっています。にもかかわらず，次のような指摘も聞かれます。

> ○思考力も判断力も，いずれも考える力です。思考力と判断力は違うと思うのですが，評価するとき両者の違いをほとんど区別していません。
> ○これまでの評価は，どちらかといえば，判断力よりも思考力に重点を置いていたように思われます。思考したことをどう表現しているかを見取って，「思考・判断・表現」の評価をしています。また，思考力に比べて，判断力は思考を踏まえた，より高度な能力であるように感じています。

③ 「勘」に頼った主観的な評価・評定

評価の公平性と客観性とともに信頼性が求められていますが，次のような意見もあります。

> ○つい授業者の「勘」に頼っているところがあります。観点別評価ではなく「勘点別評価」になっていることがあります。「勘」とは主観的であったり，直感的であったりするということです。
> ○「勘」に頼ることは，各観点を「A・B・C」で絶対評価するときや「3・2・1」で評定するときにもいえます。絶対評価で判断する基準を明確に表すことができないからです。

思考力・判断力・表現力について，その育て方（指導方法）とともに，そ

の見極め方(評価方法)がいまだ開発途上にあるということです。

(2) ペーパーテストに見る評価問題の実態

① 観点「思考・判断・表現」の評価問題の問題点

　多くの学校ではペーパーテストという評価方法を取り入れています。現在使われているペーパーテストは市販されたものが多く,一部に自作されたものもあります。多くのペーパーテストの問題は,単元ごとに,あるいは複数の小単元を合わせて作成されています。1枚のペーパーテストは,これまで「知識・理解」「観察・資料活用の技能」「思考・判断・表現」の3つの観点から構成されてきました。各観点は50点満点で配点され,各観点が同等に扱われています。一部に「関心・意欲・態度」に関する問題も見られます。

　5年を対象にした問題に,「農家の人が左の話(注:農業機械を共同で使ったり,多くの作業を地域で協力して行ったりしています)のように米づくりを行っているわけを文で書きなさい」と問いかけているものがあります。地域で協力して米づくりを行っている理由を考えることは確かに思考することです。しかし,こうした活動はこれまでの授業の中で既に行われていることです。授業では既に「理由」を考え導き出しています。「わけは何か」と聞かれても,考える必要はなく,過去に導き出した知識を思い起こせば答えることができます。この問題は知識を問うているものであり,「知識・理解」に関する問題になっているところに問題点があります。

　この問題の教師向けの赤刷りには「評価規準」が示されています。そこには「米の生産性や効率を高めるために,稲作の工夫や農家の努力について考えることができる」とあります。この評価規準は授業中における子どもの学習状況を評価する際のものさしです。「思考・判断・表現」の観点から評価する際には,授業中の評価規準と授業後に実施されるペーパーテストの評価規準とは区別されなければなりません。

　こうした「思考・判断・表現」の観点の評価は,単元や小単元ごとに実施されています。短期間で評価しようとしていますが,思考力・判断力・表現

力は長期的な時間の幅で育て，その結果を評価するものではないでしょうか。

多くの学校や教師は，「知識・理解」を問う問題になっている「思考・判断・表現」の評価結果をもとに「思考・判断・表現」の観点を評定し，学期末の通知表や年度末の児童指導要録に記載しています。

思考力・判断力・表現力を問う評価問題はどうあるべきか。ペーパーテスト問題の早急な開発が求められます。

② ペーパーテストによる評価は可能なのか

ペーパーテストという評価方法は，「知識・理解」や「技能」を評価するためには優れものだと思います。知っているかどうか。わかっているかどうか。できるかどうかを見きわめるためには，テストを実施することは有効であり，ペーパーテストは最適です。一度に大勢の子どもたちを対象に実施することができますから，時間的，労力的な効率性があります。また，客観性や公平性も維持・確保することができます。

ところが，思考力・判断力・表現力といった能力を評価するとき，そもそもこれまで実施されてきたような伝統的なペーパーテストは馴染むのかという問題があります。思考力・判断力・表現力をペーパーテストで評価する際には，ペーパーテストに対するこれまでの観念を根本的に改め，発想を変えた新しい考え方にもとづいて作成し実施する必要があるといえます。

(3) 能力の特質を踏まえて評価されているか

① 短期間で評価されていること

思考力・判断力・表現力といった能力は，知識や技能と違って，1単位時間や1つの小単元の学習で，短期間に育つものではありません。時間をかけてじっくり育てていくものです。

しかし，短期間で評価し，性急に結果を出そうとしている実態が見られます。これでは能力の趣旨に合致した評価とはいえません。1単位時間の指導計画に「思考・判断・表現」の観点を評価する場面が位置づけられている場

合があります。ここではあくまでも「どのように考えているか」「何を考えているか」を評価するもので，思考力や判断力が育っているかどうかといった，育成状況を評価するものではありません。考えるという活動や考えている内容を評価することと，思考力や判断力が身についてきたかどうかを評価することとは，相互の関連性はありますが，一体のものではありません。

　思考力・判断力・表現力を時間をかけて長期的に育てるということは，長い目で評価する必要があることを意味しています。

　思考力・判断力・表現力がどのように，あるいはどの程度育っているかを新しく開発された「ペーパーテスト」で評価するとき，少なくとも複数の小単元の学習が終了した単元末に，できれば学期末や学年末に実施することを基本に据える必要があります。

② 単独にとらえ評価されていること

　学力の３つの基本要素やそれらをもとに設定された評価の観点は，あくまでも教える立場から便宜的に設定したものです。教師は学力の基本要素ごとに，あるいは評価の観点ごとに指導しているわけではありません。子どもにおいても３つの学力が分割されて身についたり，子どもたちが観点ごとに学習しているわけでもありません。一人一人の子どもにおいて，各要素や観点が相互に関連し合いながら一体的，総合的に形成されていきます。

　思考力・判断力・表現力は，前述したように思考，判断，表現する活動をとおして育成されていくものです。活動として成立するためには，思考，判断，表現する内容（知識）やその方法（技能）を習得していなければなりません。また，思考，判断，表現する行為は子ども一人一人の主体的な営みですから，関心や意欲，目的意識がなければ活動として成立しません。

　能力は学習内容の理解と学習方法の習得，それに主体的な学習態度の育成と相互に深く関わり合いながら育成されていくという性格をもっています。

　学習状況を観点別に評価するとは，子どもの総合的な学習状況を各観点から光を当てて，強調して（浮き立たせて）評価するものです。例えば，小単

元の終末の時間にまとめた「表現物」から，知識や技能の習得状況と合わせて，思考力・判断力・表現力などの能力の育成状況を評価することができます。表現物の作成に取り組む学習態度も合わせて評価することができます。

このように見てくると，「思考・判断・表現」の観点はそれだけを単独に取り上げるのではなく，知識や技能，態度などと関連づけて評価することが一層重要になります。

③ 静的，量的にとらえられていること

「知識や概念」は習得するとか獲得すると表現されるように，それらの内容は，単元や小単元ごとに一つ一つ独立しています。学習をとおして，個別な知識が積み上げられていきます。量的な学力といわれる理由もこうした性格を踏まえたものです。

それに対して，思考力・判断力・表現力は学習をとおして徐々に育成されていくものです。質的な意味合いをもつ学力だからです。図でイメージすると，螺旋階段を登っていくようにスパイラルに成長していきます。このことは，学期のはじめと途中と，そして終わりでは，思考力・判断力・表現力の質が当然違っていることを意味しています。それは量として増えた状態ではなく，質的に高まった状態です。本書の16ページには，「知識・理解」と「思考力・判断力・表現力」の違いを表したイメージ図を既に紹介しています。

「知識・理解」は単元ごとに実現状況が確認できるのに対して，「思考・判断・表現」は学習のプロセスにおいてどのように育ってきているかを評価すると同時に，最終的にどの程度，あるいはどのように育ったかを評価する必要があります。育ち具合を評価することです。

ところが，「思考・判断・表現」についても「知識・理解」と同じように，静的，量的なものとしてとらえ評価されています。各小単元の評価結果をそれぞれ同等なものととらえ，「知識・理解」のように，機械的，形式的に処理されています。「思考・判断・表現」は動的，質的な意味合いをもっていることを踏まえて，評価のあり方や方法を根本から考え直す必要があります。

2 評価方法の新しい考え方
―どこをどのように改めるか―

(1) 思考力と判断力を区別して評価する

① 思考力と判断力は同じものではない

　思考力と判断力を関連づけたり一体化したりして評価することは必要なことです。ただ，思考力と判断力にはともに知的な活動を展開するための能力だという共通性はあるものの，両者は明らかに同じものではありません。

　前述したように，思考力とは社会的事象の意味や特色，働き，さらには因果関係や根拠や理由など考える力のことであり，判断力とはよりよいものを選択したり，これからの方向を構想し決定したりする力のことです。

　思考力と判断力の違いと共通点を改めて整理すると，次のようになります。

表2　思考力と判断力の違いと共通性

	違い	共通性
思考力	・社会科における思考の対象は，社会的事象の意味や特色，働きなど。 ・比較・関連・総合，帰納や演繹，応用・転移，分類・整理などの操作活動を伴って発揮される能力。	・知的な活動を展開するために必要な能力。 ・既有の知識や技能を活用する能力。 ・根拠や理由が問われる能力。 ・能力が発揮されている状況は周囲の者に見えない。 ・表現活動と一体的に評価できる。
判断力	・具体的には，選択する，決定するといった行為として現れる。 ・判断基準が必要になる能力。 ・その後の行動に結びつく能力である。	

　思考力や判断力の評価のあり方を考えるとき，それぞれの能力の内容を確認することがまず必要です。

② 活動のレベルで具体化し評価する

　教師による指導と評価は一体ですから，通常は評価だけが単独に行われることはありません。常に指導の過程や結果において評価されます。
　一般に，指導方法が明らかになると評価方法が見えてきます。具体的には思考力をどのように育てるかを指導のレベルで計画し明確にすることによって，おのずから評価の仕方が明らかになってきます。
　このことについて，4年「ごみの始末」を例に具体的に考えます。

---

① 考えさせたい内容を確認する。
　（市はごみを始末することによって，町を清潔に保ち，市民が快適な生活が送れるようにしていること）
② 考えさせたい内容を引き出すことができる発問を考える。
　（市はどうしてたくさんのお金を使って，ごみを始末しているのだろうかなど）
③ ②の発問を投げかけるために，必要なことを抽出する。
　（例えば，市はごみを始末するために施設をつくったり事業を行ったりしていること。それらには多くの人の働きや多額の費用が必要であることなど）

---

　①から②は指導計画を作成するときの手順です。実際の指導では，③について調べる活動が行われ，その後に教師が②の発問を投げかけることによって（できれば，このような疑問を子どもが意識するようになればよいが），調べたことをもとに思考が働きます。その結果，①の内容を導き出させます。子どもたちがそれぞれ考えた内容を発言することによって，子どもたちの間で学び合いが行われ，教師は評価することができます。ノートなどに書く機会を設けると，すべての子どもの考えを公平かつ客観的に評価することができるようになります。
　子どもの思考する場がすなわち評価する場であり，思考させる内容が評価

する内容になります。思考したことをどう表現させるかを考えると，評価の方法（手段）がおのずから明らかになってきます。思考や判断するという活動のレベルで，その目的や内容や方法などを具体的に構想することによっておのずから評価のあり方が見えてきます。評価の方法だけを単独に考えることは，ややもすると評価のための評価になってしまうこともあります。

子どもが思考する，判断するという「活動」と一体に評価のあり方を考えることがポイントです。

(2) 思考力，判断力ともに表現活動をとおして評価する

① 思考・判断したことを表現させる

思考・判断する行為は，一人一人において個別に行われます。その状況は，周囲の子どもたちや教師はその内容を知ることができません。そのため，ただ考えさせるだけでは，学び合いも評価もできないことになります。

子どもたちが相互評価したり，教師が指導の目標に即して評価したりするためには，思考・判断したことを表現させるという活動がどうしても必要になります。例えば，発言する。ノートやワークシートに記述する。新聞や図表などに整理する。作品などの表現物にまとめるなどの表現活動です。これらにほぼ共通することは，話す，書くといった言語などによる表現活動です。

表現活動と一体化させることによって思考・判断した内容を可視化（発言の場合は可聴化）でき，評価の確かさを高めることができます。発言や態度や表情などは一過性ですから，そこで表現されたことは残りませんが，書いたものは結果が残ります。評価の公平性や客観性も高まります。思考・判断したことをノートなどに書かせることは評価を行う側面から重要な意味をもちます。思考力や判断力と表現力を関連づけて評価することができるようになります。

ただ，ノートなどに書かれたことを評価するとき，ややもすると文字の美しさや文章の上手さなど見栄えのよさに関心が向きがちです。これらは表現力の重要な側面ではありますが，それだけで評価してしまうと，表現技能に

傾斜がかかりすぎ，思考力や判断力の評価にはなりません。書き方などの技能的な側面だけでなく，書いた内容と合わせて評価するように心がけることが大切です。

② 考えと考え方の両者を評価する

では，子どもがノートなどに記述した内容をどのように評価すればよいのでしょうか。そのポイントは内容面と方法面から次の2つがあります。

その1つは，発問や学習のめあてに対してどのような内容を考えたかということです。すなわち「考え」を評価します。例えば，次のような内容です。

> 室町時代には，貴族と武士と庶民の文化が栄え，中国の文化も取り入れられたと考えました。

ここには，室町時代の文化の特色が述べられています。特色を端的に言い表しており，高く評価できます。こうした考えを導き出した背景には，金閣や銀閣のつくり，雪舟の業績，今に伝わる生け花や狂言，盆踊りなどについて調べた事実があります。

いま1つは，その考えをどのように考えたかという方法です。すなわち「考え方」を評価します。例えば，次のような内容の書きぶりです。

> 平安時代の文化は貴族を中心にした，国風の文化でした。それと比べると，室町時代の文化は貴族だけでなく，武士や庶民にも広がったといえます。中国からの影響も受けました。

ここからは，室町文化の特色を平安時代と比べて考えていることがわかります。一般に特色はそれ自体で説明されるものではなく，何かと比べることによって一層明確になりますから，後者の事例は考え方という観点から，その習得状況を合わせて評価することができます。「見方・考え方」は，もの

を見たり考えたりするときの視点や方法のことです。ここでは，比較するという手法を使って考えていることを評価することができます。

このように，思考力，判断力を評価するとき，表現された内容から「考えと考え方」の両者を評価の対象にします。

評価に当たって，教師が予め押さえておきたいことは次の事柄です。

- 教師はどのような内容を考えてほしいのか。予め子どもの言葉で言い表しておく。これは具体のイメージである。子どもが表現したことを判断し，評価するときのものさしのサンプル（評価規準例）になる。
- どのように考えさせたいのかを明確にしておく。例えば，室町文化の特色を考えさせる。他の時代と比べて考えさせる。特色をひと言で表現させるなどが考えられる。
- 何を対象に評価するのかを計画しておく。通常は，授業中の子どもの発言やノートなどに記述した内容が対象になる。
- 万一考えを言い表せなかったり，考え方が不十分だったりした子どもがいた場合，どのようにフォローアップするか。つまずいた子どもへの助言のあり方も計画しておくとよい。

(3) 多様な表現方法を取り入れる

① さまざまな表現方法のメリット・デメリット

これまでに開発されたさまざまな評価方法のうち，思考力・判断力・表現力を評価するものとして有効なものに，次のようなものがあります。

- 一斉学習やグループ学習などでの子どもの発言内容（つぶやきなどを含む）
- ノートやワークシートなどに記述された内容
- 新聞や図表などに整理された表現物

- イラストなどビジュアル化された表現
- 関連図やルーブリックなど抽象化，図化された表現
- 劇化，動作化，ごっこ活動などの身体表現
- ペーパーテストなど

それぞれの評価方法には下記のようにメリットとデメリットがあります。実際の学習活動の場に応じてそれぞれのメリットを生かし，多様な表現方法を取り入れるようにします。

表3　表現活動を取り入れた評価方法のメリット・デメリット

	メリット	デメリット
発言内容	・思考・判断の内容を瞬時にとらえることができる。 ・評価結果をその場で指導に生かせる。	・一過性である。 ・すべての子どもが把握できない。
ノートなどの内容	・すべての子どもを公平に評価できる。 ・記述した結果を残すことができ，継続して評価できる。	・文章の表現技能に左右される。 ・記述する時間を設ける必要がある。
新聞などの表現物	・評価の公平性が維持できる。 ・知識や技能との関連性が評価できる。	・作品としての見栄えや出来映えが優先されることがある。
関連図などの表現	・評価の公平性が維持できる。 ・知識や技能との関連性が評価できる。	・意図が不明なときには確認する必要がある。 ・評価規準の具体的な設定が困難である。
身体表現	・言語などでの記述では見られない内容を把握することができる。	・一過性である。 ・評価規準の具体的な設定が困難である。
ペーパーテスト	・多人数を対象に実施できる。 ・客観性，公平性を維持することができる。	・問題の作成が難しい。 ・問題作成に新しい発想が求められる。

② イラストから思考・判断が見えてくる

　筆者はかつて，子どもが思考したり判断したりしたことを表現させる方法として「イラスト」を取り入れたことがあります。詳細は拙著『イラストを取り入れた社会科授業』（明治図書出版）を参照していただきたいです。ここではある子どもがイラストで描いた作品を紹介します。

　6年の「国際理解」をテーマした授業で，発展途上国に対するわが国の援助のあり方について話し合った場面のことです。

　授業者はまず，発展途上国には飢えなどに苦しんでいる子どもたちが大勢いることを写真や数字で示しました。すると，子どもたちからは「かわいそうだ」といった同情や，「どうにかしてあげなければ」といった上から目線の発言が出されました。すると，S男は「日本は，自分の国と外国との間のトラブル（当時，オーストラリアとの間で牛肉戦争が起きていた）も十分に解決できないのだから，途上国の飢えた人たちを援助する資格はないと思います。もっと日本の国の問題を解決したほうがいいです」と発言したのです。こうした発言に対して，周囲の子どもたちは納得してしまったのか，同調する子どもたちが多くいました。

　このS男の発言に対してH男は黒板の前に出てきて，イラストを描きながら反論したのです。その内容は次のようなものでした。

　　ここに気球があります。中には，土ではなくガスが入っています。発展途上国は，日本から遠く離れたところにあるかもしれませんが，例えば，食料問題のような問題が途上国で起こるということは，そこからガスが抜け出してしまうということです。すると，気球はどうなりますか。気球がしぼんでいくと，やがて日本も影響を受け，世界中がダメになってしまいます。だから途上国の問題は，日本の問題なのです。だから，今，このガスもれをなくすために援助が必要なのです。

H男が描いた気球のイラスト

開発途上国での問題

大陸　日本

〈気球〉＝地球

ガスがぬけると気球はしぼむ

ガスが入っている

（『イラストを取り入れた社会科授業』より）

H男がイラストで描きながら説明した内容は、子どもたちにきわめて説得力のあるものでした。ここに紹介したイラストは、途上国に対する日本の役割を考えたものであり、途上国と先進国との関係性について考えているものです。この「気球論」はH男なりの「宇宙船・地球号」のとらえ方でした。運命共同体の意味をH男なりに理解したものと受けとめることができます。

　「イラストで表現する」という手法を取り入れたことによって、H男の考えや考え方を顕在化させることができたところに最大の効果があります。さらに、イラストによる表現は思考した当該の子ども（H男）の思考をより確かなものにしただけでなく、周囲の子どもたちに対しても、見方・考え方を広げ、思考を誘発しているといえます。

　思考した内容をイラストというビジュアルな手法で表現し、説明するという言語を用いて表現したことによって、この子どもらしい表現力が発揮されたと受けとめることができます。思考力・判断力・表現力をはぐくみ、評価する際の方法の１つとして、「イラスト」を重視したいと考えます。

(4) 授業中に指導と一体に評価する

① 教師の観察力，洞察力が重要

　思考力・判断力・表現力といった能力の特質を総合的に考えると、最も重要な評価場面は授業中であり、そこでの評価方法は「教師による観察」だと考えます。そこでの評価の対象は、子どもの発言であり、ノートなどの記述であり、表情や態度です。それらは評価に当たっての「一次資料」です。

　教師による観察という方法は、ノートに記述されたことを授業後に評価したり、ペーパーテストを実施したりすることと比べると、評価の客観性に欠け、教師の主観が優先されるという問題点があります。教師は子どもたちと日常的に接しており、大勢の子どもたちを観察しています。小学校の子どもたちにとって、１日のうち、最も長い時間関わっているのはやはり学級担任でしょう。高学年の子どもの場合、保護者よりも接している時間が長いのではないでしょうか。経験にもとづく子どもを見る目には確かなものがあると

信じます。

　教師にはより確かな観察力や洞察力を身につけることが求められます。観察力とは表情やふるまい，つぶやきなど子どもの外面に現れたものを鋭く，機敏にとらえる力のことです。洞察力とは子どもの内面に起こっている小さなさざ波を感じとる力のことで，観察したことをもとに内面を見抜く力のことです。いずれにも共通していることは，鋭敏な感覚を研ぎすますことであり，それを発揮して一人一人の子どもについて理解を深めることです。

　授業の中で，教師は一人一人の子どもをよく観察し，学習の状況を理解するとともに，その状態がどのような状況なのかを判断し，それらを指導に生かしていく力が求められます。指導に生かすとは，優れた考えや考え方を学級全体にフィードバックし，特につまずいている子どもには適切な助言や支援をするということです。

　ここでは，「指導→観察→理解→判断・評価→指導」を時間の経緯で一連の流れとしてとらえるのではなく，同時に進行しているものとして一体にとらえるようにします。指導と評価は一体であるとはこういう意味合いをもっています。

②　ポイントは終末のまとめる場面

　思考力・判断力・表現力の評価に当たって，いま１つ重視したいことは，学習の終末におけるまとめの場面です。１単位時間に当てはめれば「本時の終末場面」であり，単元（小単元）であれば，単元（小単元）の「まとめの時間」です。

　いずれの場面でも，本時や単元（小単元）の学習成果を整理し，確認する時間です。本時の「学習のめあて」や単元（小単元）の「学習問題」についての考えを「まとめる」という活動には，これまで調べたことを単に整理するだけでなく，考察する，吟味するという思考操作が伴います。

　そのためには，学習の終末場面で本時や単元（小単元）の学習成果をまとめ確認させるとき，次のようなことに配慮します。

> ・本時の「めあて」や単元（小単元）の「学習問題」に立ち返ってまとめさせる。単なる「学習感想」では，何を書いてもよくなってしまう。
> ・「めあて」や「学習問題」に疑問詞が含まれていると，子どもたちの思考が促される。特に「なぜ」「どうして」などは効果的である。
> ・これまでの調べる活動で調べたことやわかったこと，考えたことなどをもとにまとめさせる。
> ・まとめたことをもとに，学級全体で吟味し合う。その際，子どものまとめたものを「教材」として活用する。
> ・吟味することによって自分の不十分さに気づいたり，友だちのよさに学んだりしながら自分の考えを補足・修正したりしようという意識が生まれる。
> ・吟味し合った後，自分の考えをもう一度書かせる。この内容がこの段階における最終的な評価の対象になる。

　まとめるという行為は表現することそのものであり，まとめた内容は理解したことや考えたことです。
　なお，理解する過程では，思考や判断するという行為によって，習得・獲得した知識を確認するとともに，新たな知識を発見したり生み出されたりすることもあります。

3 「思考力・判断力・表現力」をみる評価問題例
―新発想によるペーパーテストの開発―

(1) ペーパーテストの作成と活用の考え方

① ペーパーテスト作成の考え方

　前述したように，思考力・判断力・表現力を評価する主要な場面は授業中です。ペーパーテストは日常の評価を補完するものとして，また，評価に対して公平性や客観点を加味する観点から実施するものです。
　ペーパーテストに対して，新しい作成方法を次のように考えています。

・テストは必ずしも100点満点でなくてもよい。結果を判定する基準を問題ごとに設定する。

・問題の答えは必ずしも1つに限定しない。多様な答えや答え方があってもよい。

・他の評価の観点（知識や技能を問う小設問）と関連づけて問題を作成する。

・授業で取り上げていない事例で問題を作成することがある。

・教科書や地図帳などを使って解く問題を出題すると，問題解決能力を評価することができる。

・テストを授業中に実施して，テストの結果を指導に生かすなど，テストに指導機能をもたせる。

・文章で記述して答える問題を位置づけ，表現力を合わせて評価する。

・思考・判断した内容を問う問題だけでなく，思考や判断の仕方や方法を問う問題を構成する。

　ここには，これまでペーパーテストには見られなかった新しい発想のもの

がいくつかあります。思考力・判断力・表現力を評価するためには，こうした発想の転換が必要だと考えます。

② 実施の時期

「思考・判断・表現」の観点をペーパーテストで評価しようとするとき，これまでのような考え方や方法を根本から改め，まったく新しい発想から実施することが考えられます。

まず1つは，ペーパーテストを実施する時期です。従来は単元末や複数の小単元の学習後に実施してきましたが，学期末や学年末などやや長いスパンで評価の時期を設定します。従来の単元ごとに作成されているペーパーテスト問題は100点満点で構成されていますが，「思考・判断・表現」を評価するペーパーテストは，必ずしも100点満点にしません。

単元ごとに作成される100点満点のペーパーテストは，「知識・技能」に特化して作成します。この場合，単元ごとの評価結果は，例えば平均点を出し，機械的に処理されます。評価基準は「Bは60点以上80点未満」のように数字で示すことができます。

③ 問題の構成

2つは，問題構成のあり方です。基本的には，これまでのように，1つの単元（教材）からすべての観点の問題を作成するという方法をとりません。他の観点と同居した問題構成ではなく，「思考・判断・表現」の観点を単独に作成します。

問題作成には，材料（教材）が必要になります。原則的にはそれまでに実施された単元の学習で登場した教材は個別に使いません。個別に使わないのは，「知識・技能」を評価する単元テストとの差別化を図るためです。そうでないと，テストの繰り返しになったり，知識の有無を問う問題になったりするからです。

もしこれまでと同様な教材を使うときには，単元を横断した問題や発展さ

せた問題を作成します。そこでは，連続性や関連性，共通性や発展性などが問題作成の視点になります。また，これまでの学習では登場しなかった，まったく新しい教材やこれまでの教材の発展的なものを使って問題を構成することも考えられます。

④ 評価規準の設定

　これまでのように，単元ごとに実施して収集した評価結果を機械的に処理することはしません。思考力・判断力・表現力は知識や技能のように，量的な学力ではなく，質的な学力だからです。その時点において，どこまで育ったかを重視します。

　そのためには，実施する時期において期待される，あるいは育ってほしい姿をできるだけ具体的に表現しておく必要があります。これがその時期における評価規準になります。

　記述式の問題の場合には，キーワードや要素などを示した評価基準を設定し，点数化するための手だてが必要になります。

(2) ペーパーテスト問題の実際

　次ページから，新しい発想にもとづいて作成した問題を紹介します。いずれも思考力・判断力・表現力の育ち具合を評価するためのものです。

　各問題のねらいは冒頭の 　　　 内に示しました。

3年

1 「知識・技能を活用した説明力」をみる問題

　まさる君はいま山下駅にいます。これから友だちの田中君の家に行きます。行き方を聞こうと，田中君に電話をしました。

　あなたが田中君だったら，まさる君にどのように教えますか。地図を参考にわかりやすくせつめいしなさい。

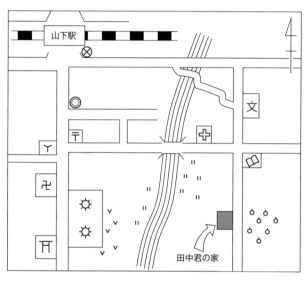

田中君の家のまわりの様子

3年

2 問題解決に必要な「資料の選択力」をみる問題

つぎの①から⑥の資料は，A市の様子を表したものです。問題に答えなさい。

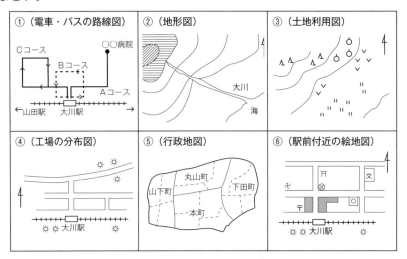

(1) ①，②，③は，何に目をつけて作成した資料ですか。□の中からえらんで書きなさい。

① 〔　　　　　　　　　〕
② 〔　　　　　　　　　〕
③ 〔　　　　　　　　　〕

　　地形の様子　　土地の使われ方
　　建物の分布　　交通の様子

(2) つぎの「学習のめあて」はどの資料で調べることができますか。それぞれ1つえらんで，記号を書きなさい。

【学習のめあて】

(ア) 田畑は市のどのあたりに広がっているか。〔　〕
(イ) 土地の高いところや低いところはどこか。〔　〕
(ウ) 大川は，どの方角からどの方角に流れているか。〔　〕
(エ) 駅の北側と南側では，町の様子がどのように違うか。〔　〕

3年

3 「意思決定した理由の説明力」をみる問題

つぎの地図はある町の様子です。田中さんはこの町にスーパーマーケットをつくろうと考えています。問題に答えなさい。

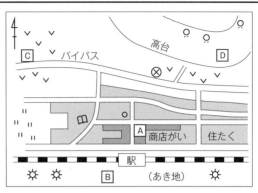

(1) AからDの場所はどのような様子のところですか。「例」にならって書きなさい。

① Aの場所（ （例）商店がいにある，土地はせまい。 ）
② Bの場所（   ）
③ Cの場所（   ）
④ Dの場所（   ）

(2) あなただったら，スーパーマーケットをAからDのどこにつくりますか。「ヒント」をさんこうに1か所えらびなさい。また，その理由を説明しなさい。

○建設する場所

「ヒント」
・お客さんはたくさん来るか。
・土地は広いか。安いか。
・将来性はどうか。

○えらんだ理由

_____
_____
_____
_____

第4章 「思考力・判断力・表現力」をどう評価するか

4年

1 資料から「問題や疑問を見いだす力」をみる問題

次の資料を見て，問題に答えましょう。

(1) それぞれの資料からわかることはどのようなことですか。

① 人口はどのように変化していますか。

_____
_____
_____

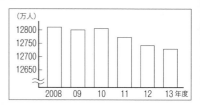

資料①　わが国の人口の変化

② 販売量はどのように変化していますか。

_____
_____
_____

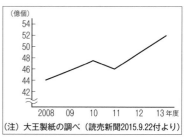

(注) 大王製紙の調べ（読売新聞2015.9.22付より）

資料②　トイレットペーパーの国内販売量の移り変わり

(2) 2つの資料から，どのような問題が生まれますか。

_____
_____
_____
_____

(3) 書いた問題に対して，予想してみましょう。

_____
_____
_____
_____

4年

2 「資料の限界に気づく力」をみる評価問題

山田さんたちは,A市の「交通事故数の変化」の資料を見て話し合っています。問題に答えなさい。

山田：A市では,2008年の交通事故の件数が,約1500件でした。

谷本：2012年には,約1200件に減っています。

池田　短い期間で,急げきに減っていることがわかります。

山本：池田さんに質問です。減っていることはわかりますが,どうして「急げきに減っている」といえるのですか。

池田：〔　　　　　　　　　　　　　　　　　　　　　　　　　〕

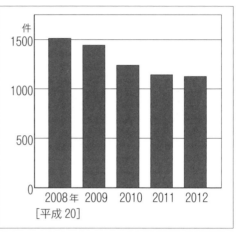

「交通事故数の変化」（A市調べ）

(1) 山本さんが「どうして『急げきに減っている』といえるのか」と質問したのはなぜですか。

_____
_____
_____

(2) あなたが池田さんだったらどのように答えますか。

_____
_____

第4章　「思考力・判断力・表現力」をどう評価するか

4年

3 「社会への提案力」をみる問題

　ある市の夏のことです。雨がふらず，水がめである山中ダムの水が満水状態の10％を切ってしまいました。しんこくな状況です。次の問題に答えなさい。

(1) 市民に節水をよびかけるポスターをつくることになりました。

① あなたは□□□にどのような言葉を入れますか。「例」を参考にうったえる言葉を書きなさい。

（例）水道水で車をあらわないで！

（うったえる言葉）

（資料）

② ポスターにはどのような資料を入れますか。
_____
_____
_____

(2) 雨が少ない年に，市の水道水が不足しないようにするには，市として日ごろからどのような対策をとっておくとよいですか。2つ書きなさい。
_____
_____
_____

4年

4 「関係性の説明力」をみる問題

　山本さんたちは「ごみのしまつ」について調べたあと,「リサイクルとは何か」について話し合いました。次の意見と図を参考にして,リサイクルに取り組むとはどういうことなのか。あなたの考えを書きなさい。

【話し合いの様子】
山本：リサイクルとはごみを分別して出すことだと思います。古新聞やペットボトルなどのしげん物をもう一度利用することができるからです。
田中：分別すればすむことではないと思います。例えば空きビンはカレットにしてびんを作ります。ペットボトルからは洋服などが作られます。ふたたび製品に生まれ返らせることがリサイクルだと思います。
佐藤：再生品を作るだけでなく,それを使うことまで考えなければならないと思います。

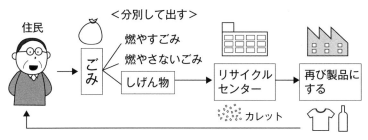

●わたしの考え
_____
_____
_____
_____

4年

5 「課題を予測する力」をみる問題

つぎの地図は田中さんの住む町の地形の様子を表したものです。問題に答えなさい。

(1) 自然災害が起こりうる場所はどこですか。1か所選んで，その場所を○で囲みなさい。

(2) (1)の場所では，どのような自然災害が起こることが考えられますか。1つ書きなさい。
〔　　　　　　　　　　　　　〕

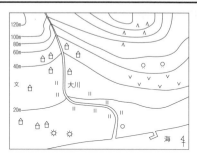

田中さんの住む町

(3) (2)で書いた自然災害が起こりうる理由は何ですか。地形の様子と関連づけて理由を説明しなさい。

_____
_____

(4) (2)の自然災害の被害を少なくするためには，次の立場からどのような対策をとっておくとよいですか。

① 市役所は：

_____
_____
_____

② 地域の住民は：

_____
_____
_____

4年

6 「対立意見に対する意思を決定する力」をみる問題

　東京都小笠原村は自然が豊かな島で，世界自然遺産に登録されています。小笠原村の中心である父島に行くには，船で25時間以上もかかります。ここに空港を造ることに対して，次のようなA（賛成）とB（反対）の2つの意見があります。

〔A／造ることに賛成の意見〕	〔B／造ることに反対の意見〕
①観光客が増えるので，島がにぎやかになり，活気づく。村民の生活が豊かになる。	①観光客が増えると，マナーの悪い人も来るので，小笠原の美しい自然がこわされる。
②台風などで海が荒れても食べ物を運ぶことができる。いまは6日に一度しか船が来ない。	②生態系がこわされ，小笠原にしかいない貴重な生き物がいなくなってしまう。
③病気になったとき，都内の病院に早く行くことができる。命を守ることができる。	③空港をつくると，土砂などで海がよごされてしまう。騒音の問題も心配である。

(1) あなたは，AとBのどちらの意見に賛成しますか。

　・わたしは〔　　〕の立場に賛成です。

(2) 相手の意見の①〜③から1つ選んで，それに対する反対意見をのべなさい。

　・（　　）の意見に反対です。

　・反対意見

　_____

　_____

　_____

　_____

5年

1 「問題や疑問を見いだす力」をみる問題

次の資料を見て，問題に答えましょう。

（資料）仏壇店・神仏具店の分布

N↑

仏壇通り（浅草通り）

（店名の一覧：翠みす京平雲総本堂、池京仏壇ル照山カ、東平雲田の製、マル田照山心四、日仏の製作が、聖仏具右衛門、仏中心センター、正宗田仏壇、猪ー店、ーー所、一日本仏具総合センター、サンゼー、金田商店、翠田雲田店、池雲田店、山五郎店、南仏具店、宮仏五郎店、み仏具右衛門、山雲正店、立平雲正店、イ島イオカ、宮岡仏具店、島谷川仏具店、栄雲仏具店、長力義店、真如堂、三々堂、中栄木、佐々木す、佛すず、難波波田、弘仏法、滝平心、大木村鶴田、●滝光日、内田商店、中田仏具店、浜川商店、サンゼ店、浜商店）

（参考：「毎日新聞」（平成元年2月18日付）より。一部修正）

(1) 資料から，仏壇店や仏具店はどのように分布していることがわかりますか。
_____
_____

(2) 仏壇店や仏具店の分布の状況に目をつけると，どのような問題や疑問が生まれますか。
_____
_____

(3) 問題や疑問に対して，あなたはどのように考えますか。「ヒント」を参考に予想したことを書きなさい。
（ヒント）仏壇や仏具は乾燥に弱く，塗り物です。
_____
_____
_____
_____

5年

2　「具体と概念の往還力」をみる問題

雪国に住んでいる人々のくらしについて，問題に答えなさい。

(1) 田中さんは，雪国の人々のくらしについて調べて知ったことをカードに書き出しました。4枚のカードにはどのような共通点がありますか。

・信号機 積もった雪で重くならないように縦になっている。	・融雪こう 道路に積もった雪を水路に流してとかす。	・雪下ろし 家がつぶれないように屋根に積もった雪を下ろす。	・つけものづくり 冬のあいだの食べ物をたくわえておく。
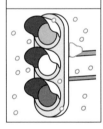			

※いずれも，雪からくらしを（　　　工夫）である。

(2) (1)で書いた「工夫」は，授業で取り上げた沖縄県の人々のくらしの様子を例にすると，どのようなことに当たりますか。例を参考に具体的なことがらを2つ書きなさい。
（例）水不足に備えて，家の屋根に貯水タンクがある。
（　　　　　　　　　　　　　　　　　　　　　　　）
（　　　　　　　　　　　　　　　　　　　　　　　）

5年

3 必要な「資料の請求力」をみる問題

① 前田さんは米づくりの工夫や努力についてまとめました。野菜づくりの盛んな地域について同じようなことを調べるとき，どのような資料があればよいですか。米づくりの工夫や努力を参考に答えなさい。

米づくりの工夫や努力	野菜づくりの工夫や努力
○田植え機やコンバインなどの機械を使って生産していた。	（例）野菜づくりに使われている機械のことがわかる資料
○米づくりは，平らな土地で，夏の暑い気候を生かして行われていた。	(1) ＿＿＿＿＿＿＿＿＿＿ ＿＿＿＿＿＿＿＿＿＿ ＿＿＿＿＿がわかる資料
○ヘリコプターを使って，できるだけ少ない農薬をまいて，米を育てていた。	(2) ＿＿＿＿＿＿＿＿＿＿ ＿＿＿＿＿＿＿＿＿＿ ＿＿＿＿＿がわかる資料
○生産した米は，トラックで高速道路を利用して東京など関東地方に運ばれていた。	(3) ＿＿＿＿＿＿＿＿＿＿ ＿＿＿＿＿＿＿＿＿＿ ＿＿＿＿＿がわかる資料

② 牛を育てている人がどのような工夫や努力をしているかを調べるとき，あなたはどこに連絡して，どのようなことがわかる資料を請求しますか。

(1) （連絡先）

＿＿＿＿＿＿＿＿＿＿＿＿＿＿＿＿＿＿＿＿

(2) （請求すること）

＿＿＿＿＿＿＿＿＿＿＿＿＿＿＿＿＿＿＿＿

＿＿＿＿＿＿＿＿＿＿＿＿＿＿＿＿＿＿＿＿

5年
4 「意思決定した理由の説明力」をみる問題

　山田さんの学級では，わが国の水産業について，水産資源には限りがあることを学びました。そして，私たちがいつまでも<u>水産物を食べ続けることができる</u>ためには何が必要なのかを話し合いました。

　次の中から，あなたの考えに最も近いものを一つ選び，その理由を説明しなさい。(6)を選んだ場合には，その内容と理由を書きなさい。

(1) 国内での生産だけで足りないときには，外国から輸入する。そのためには，外国と仲良くしなければならない。

(2) 海は広いし，魚や貝などは卵を産み続ける。私たちがもっと魚介類を食べるようにすれば，水産業で働く人たちは工夫してたくさんとるようになる。

(3) 漁師さんは困るかもしれないが，とる時期や場所，大きさなどを制限して，とる量を減らす。魚介類の値段は高くなるかもしれないが，消費者はがまんする。

(4) 水産物をとるだけでなく，栽培や養殖など育てることに力を入れる。そのためには，海の環境を汚さないようにすることが大切。

(5) 若い人たちが水産資源を確保する仕事につき，わが国の水産業をもっと元気にする。

(6) そのほかの考え
〔　　　　　　　　　　　　　　　　　　　　　　　　　　　〕
　□　（選んだ理由）
　　　_____
　　　_____
　　　_____

第4章 「思考力・判断力・表現力」をどう評価するか

6年

1 「資料の限界に気づく力」をみる問題

吉田さんたちは，刀狩りの資料を見て，わかること（事実）について話し合っています。問題に答えなさい。

刀狩りの資料

〔『社会科資料集6年』（文溪堂）より〕

先生：豊臣秀吉は刀狩令を出しました。資料からどのようなことがわかりますか。

吉田：百姓が刀ややりや鉄砲などの武器をもつことを禁止しました。

太田：百姓は喜んで武器をさし出しました。

安達：武器は，方広寺の大仏殿を建てるくぎやかすがいにするためでした。

松井：武士と百姓の身分を区別して，百姓に一揆や争いを起こさせないようにしました。

(1) 4人の発言のなかで，資料から必ずしも言えないことを発言しているのはだれとだれですか。また，それはどうしてですか。

（　　　　）〔理由〕＿＿＿＿＿＿＿＿＿＿＿＿＿＿＿＿＿

（　　　　）〔理由〕＿＿＿＿＿＿＿＿＿＿＿＿＿＿＿＿＿

(2) 太田さんは，資料のどの部分から「百姓は喜んで武器をさし出した」と発言したと思いますか。

＿＿＿＿＿＿＿＿＿＿＿＿＿＿＿＿＿＿＿＿＿＿＿＿＿＿＿＿
＿＿＿＿＿＿＿＿＿＿＿＿＿＿＿＿＿＿＿＿＿＿＿＿＿＿＿＿
＿＿＿＿＿＿＿＿＿＿＿＿＿＿＿＿＿＿＿＿＿＿＿＿＿＿＿＿

6年

2 「時代のイメージ力」をみる問題

広田さんは，明治の新しい世の中（明治維新）を調べたあと，次のようなイラストとその説明文を書きました。

【イラストの説明】
　たらいには，水が入っています。そこにスポイトで赤いインクをたらしました。すると，表面だけが赤くなりました。明治維新はこのような世の中だったと思います。

(1) 明治新政府によって，身分制度が改められました。これで身分のちがいはなくなりましたか。なお残されましたか。
　_____
　_____

(2) 学制によって6才以上の子どもが小学校に通うことが定められました。すぐにすべての子どもが学校に通いましたか。
　_____
　_____

(3) 広田さんはどうしてこのようなイラストを描いたと思いますか。広田さんがこれまで調べてきた歴史的事象を参考に説明しなさい。

【広田さんが調べたこと】
・明治時代初めの日本橋付近の様子（錦絵）
・四民平等，地租改正，学制などの制度改革
・福沢諭吉の「学問のすゝめ」
・文明開化（衣食住，交通，郵便制度）

　_____
　_____

第4章 「思考力・判断力・表現力」をどう評価するか

6年

3 「将来の課題を予測し説明する力」をみる問題

わが国のこれからの人口は次のグラフのように変化すると予想されています。グラフを見て、問題に答えなさい。

(1) これからのわが国の人口はどのように変わることが予想されていますか。
〔　　　　　　　　　　　　　　　〕

(2) 65歳以上の人口（高齢者）は、これからどのように変わることが予想されていますか。そのことによって、今後予想される課題はどのようなことですか。

・65歳以上の人口は、

　_____。

・今後、予想される課題

_____
_____

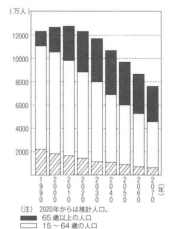

わが国の人口の移り変わり

(注) 2020年からは推計人口。
　■ 65歳以上の人口
　□ 15～64歳の人口
　▨ 14歳以下の人口
資料出典：総務省「国勢調査報告」「日本長期統計総覧」「人口推計」など。

(3) 15～64歳の人口（生産年齢人口）は、これからどのように変わることが予想されていますか。そのことによって、今後予想される課題はどのようなことですか。

・15～64歳の人口は、_____。

・今後、予想される課題

_____
_____
_____

6年
4 「関係性の説明力」をみる問題

内山さんたちは「駅前に駐輪場を作ってほしい」という住民の願いがどのように実現したのかを調べました。

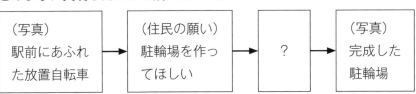

(1) 次のカードはすべて上の図の「?」に入ります。左から順に並べなさい。
　① 市議会で話し合って決定した。
　② 建物のでき具合を点検した。
　③ 住民の願いを市役所に伝えた。
　④ 建物の計画案や予算案を作成した。
　⑤ 建物の建設を開始した。
　（　）→（　）→（　）→（　）→（　）

(2) (1)の①から⑤のうち,市役所の仕事はどれですか。
　（　　　　　　　　　　　　　　　　　　　　　　）

(3) 次のキーワードを使って,住民の願いはどのように実現されたのかを200文字程度の文章で論述しなさい。

　　市役所　　市議会　　議員　　税金　　選挙　　条例

5 「社会への提案力」をみる問題

6年

次のグラフは、ある県の知事選挙における年齢別の投票率を示したものです。これを見て、次の問題に答えなさい。

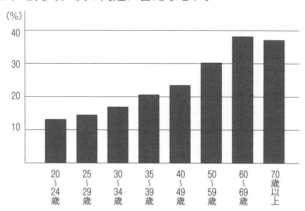

ある県の知事選挙の年齢別投票率（平成27年8月執行）

(1) 20〜24歳の投票率は、ほかの年代と比べてどのようになっていますか。

　_____
　_____

(2) 20〜24歳の若者の投票率がグラフのようになっているのはどうしてでしょうか。考えられることを1つ書きなさい。

　_____
　_____

(3) 投票率を上げるためにはどうしたらよいでしょうか。選挙の事務を担当している選挙管理委員会によい考えを提案しなさい。

　_____
　_____
　_____

6 「法にもとづいた判断力」をみる問題例

6年

　正美さんたちの小学校の校舎は，現在新しく建築中です。子どもたちはプレハブの校舎で学び，校舎の完成を待ちわびています。ところが，ブルドーザーで土を掘っていたら，縄文土器が出てきました。

　市民からは，「建築工事を中止して，発掘調査すべきだ」「子どもたちのことを考えて，1日も早く校舎を建てるべきだ」など，いろんな意見が出されました。

(1)　あなたは次のうちどの意見に賛成しますか。1つを選んで(　)に○をつけ，その理由を述べなさい。③を選んだときにはその意見を書きなさい。

　①（　　）工事を中断して，発掘調査をする。
　②（　　）工事を続けて，校舎を早くつくる。
　③（　　）そのほかの考え
（理由）_____
_____

(2)　次の資料は文化財保護法の一部です。もしあなたが市長だったら，今後の校舎建築の進め方について，市民にどのように説明しますか。次に書きなさい。
（説明文）

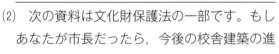

_____
_____
_____
_____
_____

（文化財保護法96条／一部要約）
土地の所有者が出土品の出土等により貝づか，住居跡，古墳その他遺跡と認められるものを発見したときは，その現状を変更することなく，文化庁長官に届け出なければならない。

（注）ここでの土地の所有者は市長です。

◆問題の解答例

3年

1（例）駅の前の道路を南のほうに行き，郵便局の角を東の方角に行く。橋を渡って病院の前を行くと，右手に図書館が見えてくる。図書館の手前の道を南のほうに行くと，間もなく果樹園が見えてくる。その前が自宅。

2（1）①交通の様子　②地形の様子　③土地の使われ方　(2)ア—③　イ—②　ウ—②　エ—④

3（1）②駅に近いが，家や商店は少ない。③大きな道路に面している。まわりは畑が多い。④土地が高く，広々としている。町からは離れている。(2)（AからDについて選択した理由をそれぞれ例示する）　A．近くに住宅地がある。駅前にあり，交通に便利である。電車やバスで多くの買い物客が集まってくる。B．今はあまりにぎやかではないが，スーパーマーケットを建てるとこれから栄えていく。C．バイパスという広い道路に面していて，車で買い物にくる人たちに便利である。広い土地も確保できる。D．町から離れていて丘の上にあるが，広い土地を安く買えそう。この地域はこれから発展していくと思う。

4年

1（1）①わが国の人口は少しずつだが減ってきている。②トイレットペーパーの国内販売量は年々増えている。(2)最近，日本の人口が少しずつ減ってきているのに，国内で販売されるトイレットペーパーの量が増えているのはどうしてだろうか。(3)（例）自然災害に備えて，買いだめしているのではないか。外国からの観光客が増えているからだと思う，など。

2（1）グラフから「減っていること」はわかるが，それが急激かどうかはわからないから。急激に減ったかどうかは他の事象の減り方と比べなければいえない。緩やかに減っているかもしれないから，など。(2)わずか4年間で，交通事故が約300件（2割）も減ったからです。私の受け止め方（解釈）を言ったものです。

3（例）(1)①「水を大切に！」「水は有限です！」「使った水を再利用しよう！」「節水で気をつけよう！」など。②水が少なくなったダムの貯水池の

写真，水道の水を止めて歯みがきをしている様子のイラストなど。　(2)ダムをつくって，日頃から水を蓄えておく。取水型の社会にする。水の再利用を進める，など。

4　（例）リサイクルするとは，再利用できるもの（資源物）を分別して出すことだけでなく，資源物で再び製品をつくり，それらを私たちが再び使うことです。自分の出した資源物が自分のところに再び戻ってくることによって「輪」になります。

5　ここでは，(2)→(1)→(3)の順で解答例を示した。●土石流（谷になっているところや川が谷から平地に流れ出るところ）→周囲に山がせまっているので，大雨が降ったときに，水が谷川を一気に流れ落ちて，水の力で周囲の土や石を押し流すから。●洪水（大川が平地で大きく曲がっているところ）→大雨が降ると，川の曲がったところで水が堤防を越えたり水の力で堤防を壊したりするから。●土砂崩れ・がけ崩れ（北のほうにある，斜面が急になっているところ）→大雨が降ると，水が山の斜面を流れ，土砂崩れが起こったり，がけが崩れたりすることがあるから。●津波（海に面した土地の低いところ）→海底で地震が起こると，低地に津波が押し寄せる可能性があるから。　(4)ここでは，「洪水」を例に示す。①堤防工事を行いじょうぶな堤防にする。万一のときには市民に避難をすすめる。洪水の起こりそうなところを市民に知らせておく。②大雨のときには避難する。住民同士で知らせ合う。連絡する仕組みや方法をつくっておく。避難訓練を行う，など。

6　（例）Aに賛成─①観光客にマナーを守るようにお願いする。②空港をつくると，どうして生態系が壊れるのか。③海が汚れないように空港をつくる。Bに賛成─①豊かになるのは観光の仕事をしている人だけではないか。②台風が来そうなときには早めに備蓄しておけばよい。③ヘリコプターを利用すればよい。村に病院をつくる，など。

5年

1　（例）　(1)仏壇店や神仏具店は，ほとんどが道路の南側に集まっている。店は北向きになっている。　(2)仏壇店や神仏具店は，道路の両側ではなく，

どうして北向きの南側に集まっているのか。(3)(予想例)仏壇や仏具には漆が使われているので，太陽の光や熱に接すると，商品が傷むからではないか。お客さんが買いやすくするためではないか，など。

2 (例) (1)雪からくらしを（守る工夫）である。(2)台風から家を守るために，家をコンクリートでつくっている。伝統的な家では，屋根の瓦をしっくいで止めて，家を守っている。地下にダムをつくり，水を貯めている，など。

3 (例) ①(1)「野菜がつくられている地域の地形や気候条件」がわかる資料 (2)「害虫に対する対策」がわかる資料 (3)「生産した野菜の輸送方法と輸送先」がわかる資料 ②(1)ＪＡ，畜産農家など。(2)1日の仕事の内容，出荷先や出荷方法，工夫していることや苦労していること，生きがい，などがわかる資料。

4 (1)～(5)((6)は省略)について，選択した理由をそれぞれ例示する。
(1)水産業は外国でも行われており，国同士が足りないものをそれぞれ互いに交換し合えば確保できる。(2)魚介類の消費が増えれば，漁師さんは元気になり，がんばってさらにたくさん獲るようになる。(3)水産資源が少なくなったら，元の量に戻るまで，消費者も漁師さんもがまんすればよい。(4)獲るだけでなく，家畜や野菜のように育て続ければ減ることはないから。(5)水産業で働く人がもっと増えれば，それだけ獲る量が増えていく。新しい獲り方も工夫されると思う。

6年

1 (1)（太田さん）理由：資料から，百姓が武器を喜んで差し出したかどうかは読み取れないから。百姓の思いに関する事実が示されていないから。
（松井さん）理由：資料から，争いを起こせないためであることはわかるが，武士と百姓を区別するためという，刀狩令の意図は書かれていないから。
(2)刀狩令は，武器を差し出すと「百姓はのちのちまで救われる」と書かれているから。

2 (1)それまでの身分制度は改められたが，新しい形で身分のちがいが残った。(2)学校制度はできたが，学校に行けない子どもが大勢いた。

(3)（例）・スポイトの赤いインクは，欧米からの新しい考え方や制度，仕組みなどをさしていると思う。それらは，東京など一部の地域だけで，日本全体にまで広がっていなかったので，水中まで赤くなっていないのだと思う。・いろいろな制度や仕組みは洋風化したが，人の心（意識）の中まではすぐに変わらなかったので，水の表面だけが赤くなっている。

3（例）(1)減少していく。 (2)・増加していく。・高齢者が増えるので，その人たちの施設や介護する人，病院や医師が必要になる。社会保障の費用が増加する，など。 (3)・減少していく。・働く人が減るので，社会が元気でなくなる。仕事の仕方が変わる。住民や企業からの税金が減る，など。

4 (1)③→④→①→⑤→② (2)④と②（順不同可） (3)（例）住民から出された願いを実現させるために，市役所ではまず専門家の意見も聞きながら，建物を建てる計画案と予算案を作成します。それを選挙で選ばれた議員から構成される市議会に条例を提出します。市議会で建設するかどうかを話し合い，決定します。決定したら，市役所は建設会社を決め，建設に取りかかります。でき具合を点検して完成されます。建設やその後の運営には，住民の税金が使われます。

5（例）(1)10％台でとても低い。ほかの年代の投票率も低いが，20歳代はさらに低い，など。 (2)選挙に関心がないから。政治を自分のこととして考えていないから。自分一人が行かなくても，影響がないと思っているから。仕事や遊びに行くから。投票日の前に投票できることを知らないのかもしれない，など。 (3)投票に行くことを国民の義務に定める。投票に行くとポイントがもらえるようにする。行かない人には罰を与える。投票することの大切さを学校でしっかり教える，など。

6 (1)①を選択した場合（出土品などの文化財としての価値に触れていること）②を選択した場合（土器よりも子どもの立場を優先していること）③を選択した場合（ほかの場所に校舎を建てる，など） (2)文化財保護法という法律に「現状を変更することなく」とあるので，工事を続けることはできない。ここで工事を一旦中止して，調査する，など。

あとがき

　本書を執筆しながら考え続けてきたことがあります。その1つは，なぜいま，子どもたちを教育しているのか。なぜ，学校があるのか。教師の役割とは何かということです。私は数年前に『なぜ子どもに社会科を学ばせるのか』(文溪堂)を出版しました。いずれの問いも「そもそも論」です。事の本質論に立ち返って物事を考えるようになったのは，年齢を重ねてきた証しでしょうか。それともこれからの社会に不安を感じているからでしょうか。

　わが国の社会は先行きが不透明です。わが国は世界に先駆けて課題先進国だといわれています。わが国の人口動態などのデータから，ある程度の未来予測が可能です。2030年には少子高齢化がさらに進行し，65歳以上の人(老年人口)の占める割合が総人口の3割にまで達するといわれています。町を歩いているほぼ3人に1人が高齢者になります。一方，15歳から64歳までの生産年齢人口は，総人口の約58%にまで減少すると見込まれています。生産年齢者は税金を納める人たちでもあります。

　ニューヨーク市立大学大学院センター教授のキャシー・デビッドソン氏は，「子どもたちの65%は将来，今は存在していない職業に就く」だろうと予測しています。また，オックスフォード大学准教授のマイケル・オズボーン氏は，今後10〜20年程度で，半数近くの仕事が自動化される可能性が高いと見とおしています。2人の研究者はこれからの社会の産業構造が大きく変化していくことを共通的に指摘しています。

　学校教育の役割は，子どもたちを一人前の人間として人格形成を図り，国家や社会の形成者として必要な資質や能力を身につけることにあります。いわば学校は社会人になるための準備教育の場です。子どもたちがよき社会人として成長していくため，ある時期においてお手伝いをするのが教師です。

　　　　　　　　　　　　　＊　　　＊

　子どもたちがよりよい社会の形成に主体的に参画できるようになるためには，学校教育で何を身につけておく必要があるのでしょうか。いま必要だと

考え身につけた知識や技能が，社会の変化とともに使えなくなってしまうことも十分予想されます。改めて，社会が変わっても将来に生きて働く知識や技能とは何かを問い直す必要があります。思考力・判断力・表現力などは問題解決に必要な能力だといわれています。私たちの人生は毎日が問題解決の連続であることを考えると，必要不可欠な能力だといえます。

　ここでいう「問題」には受動的なものと能動的なものがあります。好むと好まざるとにかかわらず，遭遇する問題は前者です。それに対して自ら問題を設定し解決するのは，後者の能動的な問題です。例えば生涯学習です。これは人生をより豊かなものに変えていくことにつながります。

　このように見てくると，思考力・判断力・表現力といった能力は人生を生き抜いていくために求められる「生きる力」の中核だといえそうです。にもかかわらず，思考力・判断力・表現力を身につける指導が手薄だったということは，自らの人生を切り拓き，よりよい社会を創造していく人間の育成が必ずしも十分に行われてこなかったということではないでしょうか。

　私は今回，思考力・判断力・表現力を鍛えるための指導と評価のあり方を主として社会科という教科をとおして考えてきました。このことは，学校教育のあり方や教師の役割を改めて考え直す貴重な機会にもなりました。

＊　　　＊

　私はこれまで40数年間に参観した授業は，優に3000を超えます。その多くは社会科です。授業の目標や使用された教材や資料，掲げられた主題はそれぞれ違います。授業から多くを学ばせていただいたことは，私の貴重な財産となっています。それらは本書の執筆に当たって重要な糧になりました。本書を執筆する過程では，それらの授業を思い起こすことがたびたびありました。その意味で，本書はこれまでに参観した授業や授業づくりに関わった先生方に支えられてまとめられたものです。感謝の念に耐えません。

　本書においても妻の淑恵が私の執筆を周辺から温かく見守ってくれました。お礼の気持ちを記したいと思います。

北　　俊　夫

【著者紹介】
北　俊夫（きた・としお）
福井県に生まれる。
東京都公立小学校教員，東京都教育委員会指導主事，文部省（現文部科学省）初等中等教育局教科調査官，岐阜大学教授を経て，現在国士舘大学教授。
〔主著〕
『"知識の構造図"を生かす問題解決的な授業づくり』『社会科学力をつくる"知識の構造図"』『社会科・学習問題づくりのアイデア』『社会科の思考を鍛える新テスト―自作のヒント―』（明治図書出版），『新社会科討論の授業づくり―思考・理解が深まるテーマ100選』（学芸みらい社）『社会科　学習問題づくりのマネジメント』『なぜ子どもに社会科を学ばせるのか』『こんなときどうする！学級担任の危機対応マニュアル』『言語活動は授業をどう変えるか』『若い先生に伝えたい！授業づくりのヒント60』（文溪堂），『食育の授業づくり』（健学社）ほか多数。
〔共著〕
『新社会科授業研究の進め方ハンドブック』（明治図書出版），『アクティブラーニングでつくる新しい社会科授業』（学芸みらい社）など。

社会科授業サポートBOOKS
「思考力・判断力・表現力」を鍛える
新社会科の指導と評価
見方・考え方を身につける授業ナビゲート

2017年9月初版第1刷刊	©著　者	北　　　俊　夫
2018年6月初版第2刷刊	発行者	藤　原　光　政
	発行所	明治図書出版株式会社

http://www.meijitosho.co.jp
（企画）及川　誠　（校正）西浦実夏
〒114-0023　東京都北区滝野川7-46-1
振替00160-5-151318　電話03(5907)6704
ご注文窓口　電話03(5907)6668

＊検印省略　　組版所　藤原印刷株式会社

本書の無断コピーは，著作権・出版権にふれます。ご注意ください。
教材部分は，学校の授業過程での使用に限り，複製することができます。

Printed in Japan　　ISBN978-4-18-213627-6
もれなくクーポンがもらえる！読者アンケートはこちらから →